청소년을 위한 진로멘토링 38

현직 진로교사가 읽어주는 진로이야기

청소년을 위한
진로
멘토링
38

김원배 지음

mentoring

한국경제신문 *i*

좋은 습관으로 나쁜 습관을 버려야 한다

"이 책은 공부만 잘하는 것이 중요한 것이 아니라 읽고, 쓰고, 생각하는 힘 속에서 청소년들이 꿈과 끼를 키워나갈 수 있는 방향을 제시해주고 있다."

2018년부터 중학교 1학년 학생들을 대상으로 창직 수업을 하고 있다. 스마트폰 세대인 어린 학생들은 생각하는 힘이 많이 부족하다. 미래 사회의 주인공인 청소년들이 올바른 인성을 갖추고 꿈을 찾아 떠나는 여행 속에서 필요한 역량을 키우기 위해서는 쓰고, 읽고, 생각하는 좋은 습관이 필요하다.

지금 우리는 인공지능, 로봇 기술을 기반으로 하는 4차산업혁명 시대에 살아가고 있다. 인간이 가지고 있는 대부분의 일자리를 로봇에게 내주면서 청소년들은 무엇을 준비해야 할지 고민이 아닐 수 없다.

현재의 부와 명예를 가져다주는 직업들은 대부분 사라지고 지금까지 없던 세상이 미래에는 펼쳐질 것이다. 4차 산업혁명 시대에 주도적인 역할을 하는 인재는 지식보다는 '생각하는 힘'을 갖춰야 한다.

앨빈 토플러(Alvin Toffler)는 "미래는 예측하는 것이 아니라 상상하는 것이다"라고 했다. 《청소년을 위한 진로멘토링 38》은 미래를 상상하는 방법들을 세심하게 알려주고 있다. 미래를 상상하기 위해서는 청소년들이 평소에 가지고 있던 습관들을 스스로 점검해보고 좋은 습관들을 차곡차곡 쌓아가야 한다.

누구나 좋은 습관과 나쁜 습관을 지니고 있다. 더 이상 나쁜 습관을 바꾸는 데 연연하지 말고 좋은 습관을 만드는 데 집중해보자. 독서, 생각하기, 글쓰기, 여행하기, 질문하기, 봉사하기, 부모님 도와드리기 등 작심하면 할 수 있는 습관들은 우리 주변에 얼마든지 있다.

현직 진로교사로서 학교 현장에서 청소년들의 고민을 누구보다 더 잘 이해하고, 자녀와의 갈등 속에서 고민하는 부모님들의 고충을 같이 고민하고 있다. 이 책은 청소년, 부모님, 학교 선생님들에게 진로교육의 길라잡이 역할을 하고 있다. 청소년 여러분들과 학부모님들이 이 책을 통해 행복한 미래의 꿈을 키워가길 바란다.

대한민국 국가대표 창직 전문가

창직 학교 맥아더스쿨

교장 정은상

　빠른 기술의 변화로 사회는 걷잡을 수 없이 소용돌이치며 모습을 달리해간다. 우리는 이것이 현재 우리의 삶의 모습이라고 판단한다. 아울러 이 판단 뒤에는 걱정과 기대가 뒤섞인 상황에서 적지 않은 무거움으로 미래를 접하려고 한다.

　미래를 살아가는 우리 청소년들은 어떠한가?

　청소년들의 미래에 대한 고민은 예측하기 어려운 변화에 불안감으로 이어지는 경향을 보인다. 현재 기술의 풍요로움을 만끽하면서도 무력감을 보이거나 자존감이 낮아지는 청소년들이 많아지는 것에 기성세대는 큰 고민이 아닐 수 없다. 시각을 오랫동안 성인 무대의 등용문인 상아탑의 역할을 자처한 학교에 돌려, 학생들의 무력감을 줄이고 자존감을 증진할 방법에 대해 고민하고 해결해보려고 한다. 그것이 체계적인 진로교육이다.

　진로교육을 체계적이고 전문적으로 담당하는 교사들을 진로진학상담교사로 칭한다. 진로진학상담교사들은 진로 탄력성이 낮거나 진로방향감을 상실한 학생들에게 학교 현장에서 등대 역할을 하고 있다. 또한, 학생 스스로 진로를 찾아갈 수 있도록 적극적으로 조력하는 데 노력을 기울이고 있다. 학생들은 자신의 진로를 탐색하고 결정하는 데 많은 도움을 받고 있지만, 여전히 진로교사들의 도움에 대한 손길을 갈망하면서 기다리고 있다. 봄날 가뭄에 단비를 기다리는 이제 싹을 트고자 몸부림치는 씨앗처럼 말이다.

지금의 우리 청소년들은 걱정과 기대가 뒤섞인 미래를 헤쳐나갈 친구 같으면서도 등불을 들고 길잡이 역할을 해줄 진로멘토를 갈망하고 있다. 자신의 고민을 들어주고 격려해주고 길을 안내할 진로멘토를 옆에 두기를 희망하고 있다. 이 희망에 적지 않은 위안을 줄 진로멘토가 한 권의 책으로 우리 청소년 곁에 온 것이다.

학교 현장에서 학생들이 자신의 진로에 대해 상담하는 유형은 참으로 다양하다. 하지만 학생들의 진로 고민을 듣다 보면 현재 자신의 문제와 미래에 대한 불안함으로 요약될 수 있다. 이 핵심 요소를 진로교사가 청소년의 관점에서 자신의 진로를 주도적으로 개척할 수 있게 했으며, 미래의 예측 가능성을 좀 더 높일 수 있는 역량을 키울 수 있도록 했다.

본문에서 '미래학자 레이 커즈와일(Ray Kurzweil)은《특이점이 온다》저서에서 "2045년경 기술이 인간을 넘어서 새로운 문명이 도래하는 특이점이 올 것이다"라고 전망했다. 지금 초·중·고학생들이 2045년이면 30대 말부터 40대 초반이 된다. 지금 희망하고 있는 직업들 중 앞으로 27년 후 남아 있을 직업은 몇 개나 될까? 대부분의 직업들은 인공 지능이 탑재된 인공 지능 로봇들이 맡아서 하게 될 것이고, 드론, 3D 프린터, 자율 주행 자동차, 사물 인터넷 등의 미래기술들은 미래 직업 판도를 크게 바꿀 것으로 전망하고 있다. 레이 커즈와일(Ray Kurzweil)이 말한 2045년도에 다녀온 사람은 아무도 없다. 지금 기술을 바탕으로 예측할 뿐이다. 결국, 우리 인간이 특이점이 온다는 세상을 만들어가는 것이다. 그 중심에는 지금 초·중·고등학교를 다니고 있는 청소년들의 역할이 있는 것이다. '

이것은 위기를 기회로 만들어나가는 무한한 가능성을 우리 청소년들이 누릴 수 있음을 언급한 것이다. 자신만의 브랜드를 가질 수 있도록 강조한 저자의 의도는 무력감으로 한 발자국도 앞으로 나아가기 어려워하는 우리 청소년들에게 한 권의 책 이상의 따뜻한 도움을 주는 멘토를 만나게 한다.

대신 중학교 진로진학상담부장

박후서

새는 알을 깨고 나오고
인간은 생각의 틀을 깨야 진로가 보인다

"공부하는 이유가 뭐니?"

"가장 행복할 때는 언제지?"

"꿈이 뭐야?"

"꿈을 이루기 위해 어떤 계획을 세우고 있니, 지금 노력하는 것은 무엇이지?"

아이들과 진로상담 하면서 쏟아내는 질문들이다. 아이들은 질문에 대해 잠시 생각하고 답변을 하면서도 "선생님, 저 이런 질문 처음 받아봐요"라고 상담이 끝날 때쯤 말한다.

진로상담은 아이들의 생각들을 세상 밖으로 나오게 하는 힘을 가지고 있다. 2012년 진로진학상담교사 부전공연수를 받고 진로교사로서 활동하면서 지식 전달만이 아니라 스스로 문제를 해결하고 청소년들이 꿈을 만들어 갈 수 있는 길을 열어주는 것이 교육의 역할이라고 생각하게 됐다.

지금의 청소년들이 사회인으로 활동할 시기에는 지금까지 없던 세상이 펼쳐져 있을 것이다. 우리가 앞으로 만날 세상은 인공지능과 빅데이터, 증강현실 등을 기반으로 하는 4차 산업혁명 시대다. 4차 산업혁명의 신기술들은 오늘날 존재하는 대부분의 직업을 인간으로부터 앗아갈 것이라고 예측하고 있다.

옥스퍼드대학교에서 발표한 '주요직업의 로봇 인공지능 대체 지수'를 살펴보면, 직업이 어떻게 변화하는지 알 수 있다. 변화하는 직업의 특성을 살펴보면 다음과 같다.

첫째, 지식을 바탕으로 하는 비교적 단순한 업무와 위험하고 힘든 업무들은 인공지능에 의해 거의 대체되고, 이를 대신해 다양한 분야의 연구개발 관련 일자리는 폭발적으로 증가할 가능성이 크다.

둘째, 근로시간 단축, 주4일 근무제 등이 현실화되면서 개개인의 여가 시간 증가에 따라 문화, 낚시, 스포츠, 여행, 등산과 관련된 서비스업 일자리는 증가할 가능성이 크다.

셋째, 인공지능 로봇이 감당하기 어려운 인간적 감수성과 관련된 서비스로의 변화, 업무 시스템의 점검을 중심으로 직무는 재구조화될 가능성이 크다.

이러한 직업변화는 학교 교육에도 많은 영향을 미치게 될 것이다. 2016년 세계경제포럼 보고서를 보면 4차 산업혁명은 미래 인재에게 요구되는 '직무역량 안정성'에 영향을 미칠 것이며 변화에 따라 유연하게 문제를 해결하기 위해 기술 능력이나 전문지식을 활용할 수 있는 '복합문제 해결 능력'과 '인지 능력', '컴퓨터/IT 및 STEM(과학, 기술, 공학, 수학)' 분야의 지식이 필요할 것으로 예상한다.

4차 산업혁명 시대에서 요구하는 인재상은 업무에 대해 이해력이 뛰어나고 일을 똑 부러지게 해내는 사람이 유능한 사람이다. 지금까지 우리나라 교육은 개인의 역량을 키우기보다는 대학교 진학을 위한 입시와 암기 위주의 교육으로 진행됐다.

성적보다 인성을 길러주는 교육의 필요성이 대두되면서 2018년부터 시행된 '2015 교육과정'에서는 교사가 강의하는 전통적 교육방식에서 탈피해 다양한 수업방법을 적용한 수업을 하도록 제시하고 있다. 거꾸로 학습, 토의·토론학습, 문제해결학습, 비주얼씽킹, 예술문화학습, 디자인사고, 협동학습, 프로젝트 학습 방법을 통해 학생들을 자기관리 능력, 지식정보처리 역량, 창의적 사고 역량, 심미적 감성 역량, 의사소통 역량, 공동체 역량을 갖출 수 있도록 해야 한다. 이러한 교육이 초등학교 때부터 대학교까지 체계적으로 이루어질 수 있도록 사회적 합의가 있어야 한다. 학교는 지식 전달이 아니라 학습방법과 학습의 즐거움을 가르치는 데 중점을 둬야 하고, 개개인은 인공지능 로봇이 하지 못하는 지혜와 방대한 지식을 꿰뚫어 보는 통찰력을 가져야 한다. 또한 없는 것을 상상하고 문제 해결을 위해 창의성을 발휘하는 능력도 길러야 한다. 지식을 습득하고 계산하고 데이터를 분석하는 능력은 우리가 인공지능을 따라갈 수 없다. 우리는 기계가 할 수 없는 것을 찾아야 한다. 사회적 존재로서 협동심, 소통 능력, 공감 능력을 길러 나가야 한다.

이 책은 4차 산업혁명 시대 요구되는 인재상과 진로교육의 중요성을 5장으로 구성해서 제시하고 있다.

제1장 "다가올 시대, 어떻게 살아갈 것인가?"에서는 직업도 변하고 일과 삶에 관한 새로운 트렌드 속에서 다가오는 미래의 주역인 청소년들에게 어떻게 미래를 개척하며 살아갈 수 있을지 방향을 제시하고 있다. 또한, 가정에서는 부모님들이 자녀의 진로지도를 어떤 방향으로 이끌어줘야 하는지 안내하고 있다.

제2장 "교실 밖에서 진짜 나를 만나다"에서는 2012년부터 진로진학상담교사로서의 교내 및 외부활동을 하면서 느낀 점과 진로상담, 진로캠프, 진로박람회, 자유학기제를 운용하면서 깨달은 것들을 중심으로 진로교육의 미래 방향성을 제시하고 있다.

제3장 "내 꿈과 미래를 그리는 진로독서"에서는 독서 활동 속에서 '나는 누구인가"?'라는 질문 속에서 나를 발견하고 자존감, 인성, 사고력을 향상시킬 수 있는 독서방법과 독서의 필요성을 제시하고 있다. 성공은 그냥 다가오지 않는다, 독서의 즐거움 속에서 청소년들은 스스로 진로를 탐색하고 행복을 만들어갈 수 있다.

제4장 "진로교사의 진짜 진로수업 8"에서는 진로와 직업 수업 활동 속에서 꿈을 만들어가는 청소년들의 이야기를 담았다. 세계 최강으로 군림하고 있는 우리나라 양궁선수들을 보면 실제 경기장에 도착하기 전에 이미지 트레이닝으로 자신이 그 경기장에서 어떻게 경기할 것인가를 무수히 반복 훈련한다고 한다. 이처럼 자신의 진로 목표를 향해 생생하게 이미지 트레이닝으로 진로 비전을 선언함으로써 삶의 계획을 세울 수 있는 방향을 제시해준다.

제5장 "융합의 시대, 멀티형 인재로 거듭나라"에서는 청소년 여러분들이 융합의 시대, 멀티형 인재로 거듭나기 위해 자신을 믿고 열정과 지속적으로 실행하는 힘을 가지고, 미래사회 변화의 흐름 속에서 성장해나갈 수 있는 방향을 제시해주고 있다.

《청소년을 위한 진로멘토링 38》을 집필하면서 내가 내린 결론은 아이큐가 높고 공부를 잘해야 진로를 찾고 성공하는 것이 아니라 자신의 진로를 찾는 과정에서 자신에게 맞는 공부 방법과 독서하는 습관, 다양한 분야에 도전해보고 실행에 옮기는 습관 등이 함께 만들어질 수 있다는 것이다. 즉, 독서와 배움 활동 속에서 자신의 역량을 개발해야 한다.

청소년들과 부모님, 학교 선생님, 지역사회 어른들이 서로 고민하고 도움을 주고자 할 때 우리 미래는 밝게 빛나게 될 것이다. 이 책을 통해서 각자의 역할 속에서 청소년들이 꿈을 개척해나가길 바라는 마음이다.

　이 책이 세상 밖으로 나오기까지 힘써주신 맥아더스쿨 정은상 교장 선생님, 장충고등학교 박민역 선생님께 정말 감사드린다. 내 곁에서 한결같이 응원해준 사랑하는 아내 이혜숙과 두 아들 일재, 일준에게도 사랑과 고마움의 말을 전한다.

장충중학교 진로교사

꿈 디자이너

김원배

차 례

다가올 시대, 어떻게 살아갈 것인가?

교실 밖에서 진짜 나를 만나다

내 꿈과 미래를 그리는 진로독서

진로교사의 진짜 진로수업 8

융합의 시대, 멀티형 인재로 거듭나라

chapter

01

다가올 시대,
어떻게
살아갈 것인가?

청소년을 위한 진로멘토링 38

청소년을 위한

진로멘토링

38

다가올 시대,
어떻게 살아갈 것인가?

"지금까지 3시간 동안 4차 산업혁명 시대 이해와 미래기술의 적용범위까지 배웠습니다. 이번 시간에는 미래기술 관련 직업들을 스마트폰을 활용해 찾아보고, 비주얼 씽킹 맵으로 표현해 발표하는 시간을 갖도록 합니다."

진로 수업시간 '4차 산업혁명 시대를 주도하는 미래기술과 직업 변화'라는 주제로 4시간 수업을 진행했다. 마지막 4차시에는 스마트폰을 활용한 수업이다. 자리를 정리시키고 지난 수업에서 학습했던 내용을 다시 한번 정리하고 4차시 수업에 들어갔다.

진로교실은 와이파이(Wi-Fi)가 설치되어 있어서 스마트폰과 태블릿 PC만 있으면 검색활동을 할 수 있다. 활동지와 스마트폰을 배부하고 인공 지능, 빅 데이터, 드론, 사물 인터넷, 자율 주행 자동차 등과 관련된 직업 정보를 찾도록 했다.

스마트폰을 사용해서 포털 사이트에 접속해 단어를 입력해 정보를 찾는 아이들도 있지만, 대부분의 아이들은 "빅스비, 빅 데이터 관련 직업 찾아줘", "시리야, 인공 지능 관련 직업 찾아줘"라고 말로 검색하고 있다. 작년 1학년 아이들은 모두 단어 입력을 해서 정보를 찾았는데, 1년이 지난 지금 아이들은 인공지능이 탑재된 스마트폰을 사용하면서 말로 명령을 전달하고 있는 것이다.

삼성전자는 스마트폰에 인공 지능 음성비서 빅스비를, 애플은 아이폰에 시리를 탑재했다. 이제 스마트폰은 전화 통화와 문자를 주고받고 정보를 검색하는 것 이외에 사람 말을 알아듣고 작동하는 비서 역할을 톡톡히 하고 있다. 지금 세상은 모든 사물이 연결되는 초연결·초지능·초산업사회로 변신하고 있다. 이러한 변화를 주도하고 있는 미래기술들은 인간의 생활에 깊숙이 파고들며 인간의 일상생활과 직업 활동에도 막대한 영향을 줄 것이다.

세계 경제 포럼 회장 클라우스 슈밥(Klaus Schwab)은 "4차 산업혁명은 지금까지 인류가 경험했던 산업혁명보다 그 규모의 범위, 복잡성이 가장 크다. 지금까지 경험하지 못했던 일들이 펼쳐질 것이다"라고 예측하고 있다. 반면, 미래학자 제러미 리프킨(Jeremy Rifkin)은 "4차 산업혁명은 아직 도래하지 않은 상태이며, 지금 일어나고 있는 현상은 3차 산업혁명의 연장선으로 봐야 한다"고 강조하고 있다. 지금 세상은 정보혁명을 넘어서 새로운 혁신과 융합의 시대를 맞이하고 있다.

얼마 전 페럼 타워 비즈니스센터 페럼홀에서 아일랜드 제리 제퍼스(Gerry Jeffers) 교수 초청 특별포럼이 있어서 다녀왔다. 이 포럼 주제는 '삶과 꿈과 배움 전환학년제와 자유학년제'다. 국제포럼 초청장을 받고 영어로 특강이 진행될 것 같아 내가 알아들을 수 있을까 걱정했는데 영어 번역기를 배부한다고 해서 부담 없이 특강을 듣게 됐다.

강연장 입구에서 나눠준 영어 번역기를 받아서 주파수를 맞추고 귀에 이어폰을 끼고 제리 제퍼스 교수의 특강을 경청할 수 있었다. 현장에서 교수의 말을 동시통역해주는 특강을 듣기는 처음이었다. 텔레비전에서나 볼 수 있었던 동시통역 서비스를 직접 경험해보니 영어에 자신감이 없어도 이런 국제 포럼에 자주 와야겠다는 생각을 했다.

이 외에도 집안의 모든 사물을 연결해주는 사물 인터넷, 이동 혁명을 일으키는 자율주행 자동차, 택배 서비스의 새로운 강자 드론, 고객의 성향을 파악하는 빅 데이터, 가상현실과 증강현실을 합쳐놓은 홀로그램 기술, 올해 초 광풍을 일으켰던 블록체인과 비트코인 가상화폐, 1인 기업의 가능성을 열어준 3D프린터, 숙박공유서비스 에어비앤비, 아이언 맨이 입은 슈트의 현실화, 멀게만 느껴졌던 세상이 하루의 생활권으로 변하는 등 공상과학 영화 속에서만 볼 수 있었던 현상들이 이제는 가상이 아닌 실제상황으로 우리에게 다가오고 있다. 우리 주변에서 일어나고 있는 이러한 현상들은 지금 자라고 있는 청소년들에게 새로운 배움을 요구하고 있고, 일과 삶에 관한 새로운 트렌드 변화를 주도하고 있다.

과학기술 발달이 인간을 고된 노동으로부터 해방시키고 좀 더 풍요로움을 누리게 해주고 있지만, 대부분의 미래학자들이 미래사회의 부정적인 메시지를 전달하고 있다. 아직 가 보지 않은 세상이기 때문에 많은 사람들이 미래를 불안한 상상 속에서 생각하고 있다. 미래사회를 주도하고 만들어가는 것은 우리 인간의 역할이다. 아직 가 보지 않은 세상이지만, 다가올 시대가 어떻게 변할 것인가는 우리가 예측하고 준비할 수 있다.

우리 청소년들은 지금의 세대보다 자신의 미래를 위해 끊임없이 배우고 노력해야 하는 상황에 놓여 있다. 창의적인 아이디어는 누구나 만들어낼 수 있다. 지금 내가 살고 있는 세상이 아니라 미래사회 속에서 나 자신이 살아갈 세상을 만들기 위해서는 끊임없는 배움을 통해 미래기술과 내 직업과 연결시키는 방법을 찾아야 한다. 빠르게 변화하는 시대에 암기력이 뛰어나고 지식과 재능이 뛰어난 것도 중요하지만, 우리 주위에서 벌어지고 있는 정보와 지식을 잘 조합하는 능력을 갖추는 것이 더 중요한 시대다.

지금까지 없던 새로운 세상이 우리 앞에 전개되고 있다. 이 시대에 진로교육은 어떻게 진행되어야 하는지 알아보고 변화하는 직업 세계 속에서 청소년들이 갖춰야 할 역량들에 대해 생각해 봐야 한다. 4차 산업혁명 시대는 지금 진행되고 있다. 청소년 여러분들은 자신이 좋아하는 영역이나 분야만 고집할 것이 아니라 평소 관심 없었던 분야에도 관심을 가져야 한다. 서로 연결해 융합할 수 있는 새로운 아이템을 창출할 수 있는 능력을 키우며 자신의 진로 방향의 미래를 그려나가야 한다.

얼마 전 신문기사에 우리나라 연령별 인구 구조 현황에서 50대가 1위를 차지하고 있다는 기사가 있었다. 가장 많은 인구 분포의 50대 후반 연령층이 점차 정년퇴직을 앞두고 있다. 혹자는 지금은 청년들의 일자리 문제가 심각하지만, 인구 분포상 많은 부분을 차지하는 연령층이 퇴직하게 되면 점차 청년들에게 기회가 있으리라 전망하기도 한다.

많아지는 일자리라도 개개인이 준비하지 않으면 기회는 자신을 피해가게 된다. 직업도 변화하고 일과 삶에 관한 새로운 트렌드 속에서 청소년들은 가고자 하는 목표가 명확해야 한다. 학교 속에서만 배움의 활동을 하기보다는 학교 밖에서도 끊임없는 호기심 속에서 탐구해야 하고 자신의 꿈과 미래를 그리는 독서 활동을 통해 자신만의 세상을 만들어가야 한다.

2012년부터 진행해왔던 진로교육의 노하우를 이 책을 통해 공유하고자 한다. 다가오는 미래의 주역인 청소년들에게 앞으로 어떻게 미래를 개척하며 살아갈 수 있을지 도움이 됐으면 한다. 살아갈 날이 많은 자녀들을 어떤 방향으로 이끌어주어야 할지 고민인 부모님들에게 부디 이 책이 좋은 길라잡이가 될 수 있기를 바란다.

지금까지 없던 세상이
오고 있다

고등학교 졸업하고 친구들 3명과 설악산으로 여행을 떠났다. 1985년도는 수동카메라도 그리 흔하지 않던 시절이었다. 우리는 배낭에 텐트를 포함한 야영 장비를 갖추고 카메라는 매형에게 빌려서 출발했다. 설악산 국립공원 입구부터 출발해 마등령 고개를 넘기 전 텐트를 치고 1박을 하고 고개를 넘어 오색약수터로 내려오는 2박 3일간의 여행이었다.

초등학교부터 12년의 공교육을 마치고 처음으로 다녀온 친구들끼리의 설악산 여행은 추억으로만 남아 있고 사진은 찾아볼 수 없다. 그 당시 카메라는 필름을 끼워서 한 컷씩 찍는 방식의 카메라였는데, 뭔가 잘못되었는지 사진관에서 현상해보니 모든 필름 속에 아무것도 나타나지 않았고 깨끗했다.

고등학교 졸업 후 첫 여행기록이 없어서 우리는 허탈감에 빠졌었다. 34년이 지난 지금 상황이면 어떠했을까? 카메라를 빌릴 필요도 없고 스마트폰으로 각자가 여행 기록 사진을 남겼을 것이다. 1985년 당시에는 30년 후에 어떻게 변할 것인가에 대해 아무 생각이 없었던 것 같다. 우리가 설악산 여행을 다녀온 후 디지털카메라가 등장하게 된다. 그래도 집마다 디지털카메라가 있는 집은 드물었다. 앞으로 15년 후 미래에는 어떤 카메라가 등장할지 궁금하다.

미래학자 호세꼬르데이로(Jose Cordeiro)는 "기하급수로 모든 것이 더 빠르게, 더 작게, 세게, 더 좋게 변한다"라고 미래사회를 예측하고 있다. 매년 1월 스위스 다보스에서 열리는 세계경제포럼에서는 "세계인구의 10%가 인터넷에 연결된 옷을 입고 인터넷에 연결된 스마트글라스(Smart Glass)를 착용한다. 미국 최초의 로봇 약사 등장, 3D프린터로 제작된 간 이식, 가정에서 사용하고 있는 전자제품 등 모든 기기와 사물들의 50%가 인터넷과 연결되고, 신호등이 하나도 없는 스마트시티(Smart City)가 등장한다"고 곧 다가올 2025년을 예측하고 있다.

블루투스와 와이파이로 초연결·초지능사회로의 변화는 거스를 수 없는 시대의 변화다. 곧 다가올 미래는 모든 것이 변하고 모든 것이 바뀌는 미래 공상 과학 영화 속에서 봤던 상상 속의 세상으로 우리를 인도할 것이다.

매달 세 번째 주에는 미래를 준비하는 사람들(미준사) 미래 포럼이 동작 50+센터와 벤처대학원에서 열린다. 2019년 트렌드, 대한민국 교육의 미래 등 특강주제가 정해져서 운영되지만, 참

석하신 분들이 자유롭게 자신의 비전에 관해 이야기를 주고받
는 공간이기도 하다.

참석한 분들을 보면 정년퇴직을 하고 제2의 인생을 준비하려
는 분들이 많이 있다. 그동안 자신이 쌓아온 지식과 경험을 바
탕으로 미래사회 변화의 흐름에 탑승하려는 분들이다. 미준사
포럼에서 미래사회는 소비자가 생산자가 되는 시대가 오고 있
다고 한다. 즉, 소비자가 생산자이기도 한 세상이다. 그 중심에
는 3D프린터가 있다. 프린터의 가격이 좀 저렴해지면 개개인들
이 3D프린터를 구매하게 되고 옷, 집, 필요한 기구들, 음식들을
직접 만들어 사용하게 된다. 소비자가 필요한 물건을 직접 만들
어내고 판매와 유통까지 담당하는 1인 기업인 시대인 것이다.

주말이나 휴일 서울에서 외곽으로 연결되는 도로는 동맥경화증
을 앓고 있다. 나는 경부고속도로를 자주 이용하는데 양재IC를 빠져
나가기가 여간 힘든 게 아니다. 막힌 도로에서 답답함을 느끼며 영
화 속에 자주 등장하는 하늘을 나는 자동차를 상상해보기도 한다.

영화 〈마이너리 리포트〉에서는 자율주행 자동차가 빠른 속도
로 다니기도 하고, 높은 건물도 오르내리는 장면을 보게 된다.
영화 〈아일랜드〉에서는 도심 허공 속에서 지하철이 운행되는 장
면도 나온다. 서울 시내도 영화 속의 도로처럼 날아다니는 도로
가 건설되면 좋겠다는 상상을 많이 했었다. 지금처럼 기술이 빠
르게 변한다면 영화 속에서의 상상들이 현실이 되는 세상이 그
리 멀지는 않아 보인다.

1999년은 전 세계가 2000년대 새 천년맞이 준비에 분주했던 한 해였다. 각 국가에서는 그동안의 기록들을 오랫동안 보관하기 위해 타임캡슐 광장을 만들고, 2000년 밀레니엄 시대로 넘어가는 카운트다운이 되면서 온 세계가 열광했었다.

　일부 예언가들은 세상의 종말론도 들고 나왔지만 2000년 1월 1일 아침은 예년의 새해 아침처럼 조용함 속에 맞이했다. 새로운 밀레니엄 시대 시작 이후 18년 동안 세상은 끊임없이 진화해왔다. 지금 청소년들이 살고 있는 세상도 10년 후, 20년 후에는 지금과 완전히 다른 세상으로 변화될 것이다.

　지금까지는 단순히 기술 자격증이나 지식만 갖추어도 먹고 살아가는 데는 지장이 없었지만, 2020년 이후 세상은 인간이 갖추고 있는 기술과 지식만 가지고는 살아가기 힘든 세상이 도래했다. 미래기술들이 인간의 삶을 편리하게 즐겁게 살아가도록 만들어주고는 있지만, 그 속에서 개개인은 어떤 일자리를 가지고 어떤 삶을 살아가야 하는지 고민의 격차가 심할 것이다.

　이렇게 빠르게 변화하는 세상 속에서 청소년들은 무엇을 어떻게 준비해야 할지 고민하고 문제를 스스로 해결해나가려는 노력이 필요하다. 지금까지는 1 더하기 1은 2가 나오는 세상 속에서 살아왔다면, 앞으로 미래는 1 더하기 1은 무한대가 나오는 세상 속에서 살게 되는 것이다.

　중학교 과정 중에서 자유 학기 실시로 많은 학부모들이 학생들의 학력 수준이 떨어질 것을 우려했었고, 대학교 입시 정책도 학생들의 부담을 줄여주기 위한 정책들이 계속 양산되지만, 결과적으로 고르게 배울 기회를 잃어버리게 되는 경우도 있었다.

자신이 좋아하는 분야만 몰입해서 파고드는 것도 중요하지만, 이제는 남들이 시도해보려 하지 않는 분야에도 도전해보고 호기심을 갖고 부딪쳐봐야 한다. 현재 보이는 세상은 부모님 세대나 할아버지 세대가 만들어놓은 세상이다. 이 세상을 계속 업그레이드시키면서 발전시켜나가야 하는 것이 청소년들의 몫일 수 있다. 일방통행식 꿈을 만들기보다는 365도 방향을 뛰어갈 수 있는 시대에 적응해나가야 한다.

누구나 365도 방향을 뛰어갈 수 있는 자세는 되어 있다. 누가 먼저 뛰어가느냐가 문제인 것이다. 청소년 시절에는 사회 속에서 주변 사람들에게 피해를 주는 행동을 배제하고 호기심을 가지고 바라봐야 한다. 지금은 내가 하고 싶어서 안달이지만 몇 달 지난 후에는 다른 것에 관심이 있을 수도 있다.

지금까지 없던 새로운 세상이 여러분들을 기다리고 있다. 이제 명문고, 명문대학을 나와서 대기업에 취업하고 안전하게 공무원이 되려는 전략만으로는 불안하다. 청소년 여러분의 목표는 선택이 추려진 진학과 취업이 아니다. 진학에만 목표를 두고 학교생활 속에서 일반적인 정답만 찾다가는 미래사회 속에서 낙오자가 될 것이다.

인공지능 로봇이 할 수 없는 자신만의 특별한 강점을 갖춘 사람, 창의적이면서도 문제해결력을 갖춘 명확한 자신이 될 수 있기를 바란다.

4.0 시대를 맞이할
진로교육

　서울의 D초등학교 5, 6학년 학생들이 중학교생활에 대해 궁
금하다고 해서 3년 전부터 12월 말이면 진로특강을 다녀온다.
이번 특강에서도 중학교 1학년생의 눈에서 바라본 중학교에 대
한 느낌과 초등학교와 다른 점들을 전달해주고 왔다.

"여러분은 공부하는 이유가 무엇인가?"

강의 마지막 멘트로 공부하는 이유에 대한 질문을 했다.

"돈 많이 벌려고요."
"커서 남들에게 무시당하지 않으려고요."
"대학교 진학하려고요."
"내 직업을 찾기 위해서요."

"엄마가 시켜서요."

다양한 대답들이 나왔다. '행복'해지기 위해서 공부한다는 아이는 없었던 것 같다. 초등학교 5, 6학년 때부터 대학교 진학을 위해, 엄마가 시켜서 등의 이야기가 나온다는 것은 벌써부터 명문대라고 하는 대학 진학을 위해 또는 특목고 진학을 위해 공부에 매진하는가 보다.

나는 아이들에게 10년, 20년 이후의 삶을 살면서 행복해지기 위해서 공부하는 것이라고 정리해줬다. 초등학생이나 부모님들을 대상으로 하는 특강에서 핵심 주제는 우리가 살아가는 목적이 무엇인가에 대해 고민하게 한다.

우리가 살아가는 목적은 행복하기 위해서다. 외부강의와 매년 3월에 시작하는 새 학기 첫 수업시간에서도 나는 행복을 먼저 이야기한다. 학부모와 학생들에게 행복한 순간이 언제인지 질문하면 각각의 다양한 의견들이 나온다.

학부모들은 자녀의 성공, 자녀가 공부 잘하는 것, 자녀가 명문고·명문대에 진학하는 것, 가족들 건강 등이 주류를 이룬다. 행복에서도 학부모 자신을 위한 행복은 보이지 않는다. 학부모 연수를 진행하는 목적은 부모가 행복해야 자녀도 행복하기 때문이다. 부모 기준에서 진로 지도를 하기보다는 자녀의 행복을 위한 진로지도 조력자로서 역할을 할 수 있음을 안내하는 교육이라고 할 수 있다.

학생들은 행복한 순간을 자신 생활 속에서 찾으려고 한다. 게임할 때, 친구들과 운동할 때, 친구들과 놀 때, 부모님과 여행 갈 때, 성적이 잘 나왔을 때, 용돈 많이 받을 때 등의 대답들이 나온다. 자신의 학교생활 속에서 즐거움을 찾을 때 행복하다고 느끼는 것이다. 진로교육은 학부모님들과 청소년들에게 행복의 메시지를 전달하고, 각자가 행복한 세상을 만들어가는 데 도움을 주고 싶다.

정부는 초등학교부터 대학교까지 체계적인 진로교육을 실시하고 진로상담강화, 진로체험 프로그램 확대 및 활성화를 통해 학생들의 꿈과 끼를 살리는 행복한 진로설계를 할 수 있도록 정책적으로 지원하고 있다. 초등학교는 진로인식 단계로 교과 연계형으로 활동 위주의 진로교육을 실시하고 현장 견학, 직업인 강연, 직업인과 대화를 통해 다양한 경험을 할 수 있어야 한다.

중학교는 진로탐색 시기로서 일반교과와 연계된 진로교육과 양질의 진로체험 프로그램을 마련하고 자신의 진로목표를 스스로 만들어갈 수 있는 교육 활동을 해야 한다. 고등학교는 진로 진학교육, 대학교 학과체험, 선취업 후 진학 등 다양한 유형의 고등학교별 특성에 맞는 진로교육이 이루어진다. 대학교는 직접 현장에서의 체험할 수 있는 인턴십 프로그램과 학생 스스로 참여하고 직업을 선택할 수 있는 길잡이 역할의 진로교육을 실시하고 있다.

이렇게 정부는 초등학교부터 대학교까지 체계적인 진로교육을 실시하고 계획을 세우고 있지만, 현실과는 온도 차이가 있는 것 같다. 초등학생 대상 강의에서도 공부의 목적이 대학 진학이라는데, 학교에서의 진로교육만 가지고는 정부가 추진하고 있는 꿈과 끼를 살려나가는 행복한 진로설계 목적을 이룰 수 없다.

진로교육은 아직도 갈 길이 멀긴 하지만, 현재 많은 발전을 거듭하고 있다. 2013년만 하더라도 진로직업현장체험을 처음 진행하면서 체험 장소를 어떻게 섭외해야 할지 막막했었다. 내 성격상 학교 주변을 돌면서 체험할 수 있도록 사업장을 개방해달라는 부탁을 할 수는 없었다. 그렇다고 공문을 발송해도 진로교육이 사회적으로 공감하고 뿌리내리기 전이라 어려운 점이 많았다. 그렇지만 진로교사로 임용되고 처음 진행된 직업현장체험은 대성공이었다.

진로체험 첫해를 성공적으로 마칠 수 있었던 것은 학부모회 부모님들이 한 몫을 담당해주었기 때문이다. 직업인 특강에 25명의 직업전문인이 담당해주었고, 현장직업 체험 장소도 30여 곳에서 아이들이 체험할 수 있도록 섭외 활동에 적극적으로 참여해주셨다. 나 혼자의 힘으로는 도저히 할 수 없는 일이었지만, 학부모님들이 도움과 지역사회 사업장에서 많은 지원을 해준 덕분이다.

몇 년 전부터는 지역 자치구마다 진로직업체험센터가 생겨서 도움을 많이 받고 있다. 그동안 진로교사들이 직업체험 장소를 섭외하느라 학교에서 학생들의 진로교육을 제대로 할 수 없는 지경이었는데, 체험장 발굴을 진로직업체험센터가 담당해주면서 진로교사는 학생들과 학교 진로교육에만 집중할 수 있게 된 것이다. 진로직업체험센터도 지역사회 주변으로 체험장을 발굴해 학교에 지원해주고 있다.

지역 자치구 진로직업체험센터에서는 자유학기제 맞춤형 프로그램들도 개발해서 학교에 제공해주고 있다. 이렇듯 진로교육은 진로교사를 중심으로 학교, 학부모, 학생, 지역사회가 같이 만들어가고 있다.

4년 전부터는 중구청 주관으로 진로직업박람회를 매년 실시하고 있다. 중구 관내 중·고등학교 학생들이 참여하는 진로직업박람회다. 체험을 제공하는 기업과 공공기관도 70여 곳이 넘는다. 매년 실시하는 중구진로박람회는 아이들의 만족도가 가장 높은 진로 행사이기도 하다. 4년 전 그 당시 진로교육을 하면서 알게 된 팀장님에게 전화로 중구에서 청소년 대상으로 진로직업박람회를 하면 어떻겠냐고 의견을 냈었는데 흔쾌히 받아들여져 그다음 해부터 지금까지 박람회가 이어지고 있다.

전국 중·고등학교에 진로진학상담교사가 배치되어 있다. 학교의 전교생을 진로진학상담교사가 혼자서 할 수는 없다. 학교에서는 진로와 또다른 교과와의 연계된 수업을 진행해야 한다. 최소한 자기가 맡은 과목과 관련된 직업은 무엇이 있고, 그 직업을 갖기 위해서는 어떤 준비가 되어야 하는지 정도는 학생들에게 교육할 수 있어야 한다. 또한, 학교에서는 진로활동 및 진로 관련 동아리를 통해 학생들이 스스로 자신의 꿈을 만들어갈 수 있는 기회를 많이 제공해주어야 한다.

가정에서는 부모님들의 희망사항이 아닌 자녀의 꿈과 성향을 정확히 파악해 자녀가 꿈을 크게 꿀 수 있도록 지원해주고 응원해줘야 한다. 예전에는 형제들이 많아서 형제들끼리 아옹다옹하면서도 잘 컸지만, 지금은 많아야 가정마다 1~2명 정도다 보니 가정 내에서 보고 체험해볼 수 있는 것들이 적을 수밖에 없다. 그러다 보니 자녀에 대한 부모의 역할이 예전보다 더 민감하고 많을 수밖에 없다.

지방자치단체에서는 지역 내 학생들을 위한 직업 박람회뿐만 아니라 자유학기와 진로체험 장소를 발굴해줘야 한다. 지역사회가 경제적으로 사회적으로 성장하기 위해서는 지역 내의 학생들을 잘 키워야 한다. 아이 한 명 키우는 데 마을 전체 사람들이 필요하다고 한다. 학생들의 교육은 가정과 학교만 하는 것이 아니라 지역사회 주민들과 지자체 관공서에서도 꾸준한 관심을 가지고 지원해줘야 한다.

4.0 시대 진로교육은 가정, 학교, 사회, 지자체 등이 일심동체가 되어 유기적으로 서로 돕고 지원해주면서 발전되어나가야 한다. 성과라는 결과를 돌출해내기 위한 진로교육이 아니라, 이 나라 미래를 책임져야 하는 인재로 키우기 위한 정책과 지원이 있어야 한다. 과정은 무시하고 결과만 만들어내려 해서는 안 된다. 결과도 중요하지만, 학생들의 꿈과 끼를 키울 수 있는 진로교육 인프라가 사회·문화적으로 자리를 잡아나가야 된다.

학생과 청소년을 위한 진로교육 인프라 정착 위에 성인들을 위한 진로개발과 다문화가정을 위한 맞춤형 진로개발시스템이 마련되어야 한다. 특히, 정부는 청년 미취업자, 경력 단절자, 다문화 청소년 등 사회적 약자를 위한 맞춤형 진로개발 체제도 마련해야 한다.

4년마다 치러지는 지방자치단체장 선거에서 당선자가 바뀔 때마다 학교에 지원하는 방향이 다른 경우도 있다. 교육은 일관성이 있어야 한다. 교육을 정치적으로 이용해서는 안 된다. 다음 선거에서 상대 후보를 누르고 당선되기 위한 선심성 정책들이 펼쳐져서는 안 되는 것이다. 교육은 100년 앞을 바라보고 추진해야 하는데, 현실은 그렇지 않다.

또한, 초등학교부터 대학교까지의 진로 로드맵을 잘 설계하고 이룰 수 있도록 대학 입시 제도에도 변화가 있어야 한다. 모든 국민이 변화해야 한다고 인식하고 있지만, 그 변화의 중심에서 누구도 총대를 메려고 하지 않고 있다. 진로교육과 자유학년제만이라도 초·중·고가 연결되어 진행되어야 한다.

4.0 시대 진로교육은 바른 인성을 바탕으로 청소년들의 다양한 끼와 재능을 스스로 발굴하는 과정에서 행복과 즐거움을 찾고 미래를 준비할 수 있는 힘을 키우는 데 중점이 되어야 한다. 학교와 가정이 중심이 되고 지자체와 지역사회가 지원해주는 진로교육은 청소년들에게 다양한 경험을 제공할 것이다. 또한, 부모와 자녀 간의 관계도 원만해지고 대입만 바라보며 공부해

야 하는 스트레스에서 벗어날 수 있다. 학력은 높지만, 행복 만족도는 매우 낮은 우리 청소년들에게 즐거움과 행복을 전달해 줘야 한다.

청소년 시절 즐거움을 누려야 성인이 되어서도 즐거움을 찾을 줄 알게 된다. 청소년들이 즐거워야 우리나라의 미래도 밝지 않을까? '빨리빨리'가 당연하고 만연한 조급증을 버리고 하나씩 계단을 오르듯 신중하면서도 체계적으로 소통하고 점검하며 나아갔으면 한다.

04

미래사회,
어떤 역량이 필요한가?

교사 수급 문제로 한 학기만 담임하기로 했는데 담임이 중간에 바뀌면 어린 학생들만 피해를 보게 되는 것 같아서 1년 동안 담임을 했다. 1년 간 담임을 하면서 중점을 뒀던 것은 독서를 통해 생각하는 힘을 키우게 하는 것이었다.

반 아이들 중에 영민이라는 학생이 있다. 입학 당시와 10개월이 지난 후를 보면 많이 활달해지고 스스로 학습도 하고 발표도 잘하는 아이로 바뀌었다. 학기 초 첫 상담에서 영민이는 집에 있는 모든 시간을 컴퓨터 게임에만 몰두하고 있던 아이였다. 학교에 와서는 의욕도 없고 질문을 해도 부정적인 답변만 하고 학급 활동에도 소극적으로 참여했었다.

2학기 들어서고 10월이 지나면서 과목 담당 선생님들은 "영민이가 많이 변했어요. 발표도 잘하고 적극적이에요"라는 말을 많이 해주었다. 내가 봐도 지난 10개월 중에 가장 많은 변화를

01 다가올 시대, 어떻게 살아갈 것인가?

39

가져온 학생이 영민이다. 1학기가 끝날 때쯤 영민이 부모와 상담을 진행했고, 카카오톡이나 문자로도 게임에만 빠지지 않도록 부탁드렸다.

가정에서는 부모님의 노력이 있었고, 나는 영민이에게 맞는 책을 추천했다. 끊임없는 독서와 수업시간에 했던 질문들이 영민이를 게임 속에서 빠져나오게 하지 않았을까 추측된다. 아침에 교실에 오면 책을 읽고 틈틈이 수학 문제도 풀어보면서 자신의 숨겨져 있는 재능을 키워나가는 모습이 대견했다.

나는 아이들에게 공부만 하라고 주문하지 않는다. 하루 24시간 생활하면서 자신이 참여하는 활동 속에서 또는 집에서 학교를 오고 가는 등하굣길에 핸드폰 속에만 빠지지 말고 주변도 살피면서 매 순간에 의미를 부여하고 호기심을 갖기를 주문한다. '공부만 잘하는 사람은 미래기술이 주도하는 21세기 속에서 살아가기 힘들 것이다'라는 것이 대부분 사람들이 가진 생각이다. 놀 때는 친구들과 잘 놀아야 한다. 스스로 호기심을 가지고 탐험도 해보며 자신이 좋아하는 것들을 실행에 옮겨야 한다. 자신의 성장 속도에 맞춰서 미래사회에 필요한 역량을 개발하고 발전시켜나갈 필요가 있는 것이다.

세계경제포럼에서 전 세계 글로벌기업 인사담당자들에게 21세기를 살아가는 데 가장 필요한 역량이 무엇인지 설문을 했다. 대부분의 인사 담당자들은 인간이 미래사회를 살아가기 위해 필요한 역량으로 복잡한 문제해결 능력, 비판적 사고 능력, 창의력, 사람관리, 타인과의 협업 능력, 올바른 판단과 의사결정 능력을 가장 중요하다고 답했다.

2017년 8월 국내 대형 취업 포털 사이트에서도 국내 기업 인사담당자 266명을 대상으로 기업에서 선호하는 인재상에 대해 설문조사를 했다. 인사담당자가 선호하는 인재상의 핵심 요소는 채용 포지션에 적합한 인재인가, 인성이 바른가, 조직문화에 잘 적응하는가, 오래 근무할 수 있는가를 살펴봤다. 또한, 인사담당자가 말하는 핵심 역량으로는 도전정신, 주인의식, 전문성, 창의성, 팀워크 역량, 열정과 실행력, 글로벌 역량을 갖추었는지를 살펴보고 평가해서 인재를 선발한다고 한다.

지금까지 기업에서는 명문대 출신이나 모든 분야에서 전문지식만 갖추고 있는가를 중점을 두었지만, 앞으로 21세기를 주도하는 기업으로 성장하기 위해서는 전문지식과 학교 성적이 1등인 학생보다는 문제해결 능력, 비판적 사고 능력, 창의성, 협업 능력, 의사소통 능력 등을 겸비한 인재에 더 주목하고 있다는 사실을 알 수 있다. 글로벌 기업이나 국내 기업에서 원하는 인재는 다양한 분야의 지식을 통합해 새로운 아이디어를 만들어내는 멀티형 인재를 선호하고 있는 것이다.

진로수업시간에 나는 하나의 직업만을 목표로 삼지 말라고 주문한다. 지금의 중학생들이 주도적으로 사회에 진출해서 활동하는 시기가 2030년 이후인데, 그때 가서 어떤 직업들이 등장할지 아무도 예측할 수 없기 때문이다. 또한, 의료기술의 발달로 100세 시대에 살고 있는 아이들에게 평생 하나의 직업만 가지고 살아가기에는 삶이 즐겁지 않을 것이다.

능력만 된다면 멀티잡(Multi Job)을 생각해야 한다. 자신이 좋아하는 일만 하기보다는 다양한 영역에 관심을 가져야 한다. 우주 과학 분야에 관심 있다고 과학 분야만 공부하는 것이 아니라 인문학 공부도 하고 역사·철학 분야에도 관심을 가져야 한다. 경계를 넘나드는 지식을 통해 세상을 새롭게 바라보고 서로 다른 것을 연결하고 융합해보려는 열정과 노력이 필요하다.

나는 새벽 4시쯤에 잠에서 깨어난다. 출근을 준비하는 시간인 6시 30분까지는 나만의 자유로운 시간이다. 이 시간에 독서도 하고 글도 쓰면서 수업 방법도 연구한다. 새로운 아이디어가 가장 많이 떠오르는 시간이기도 하다. 최근 들어서 나는 일과 쉬는 것을 구분하고 있다. 그러다 보니 학교 업무나 수업 활동에서 스트레스를 예전보다 덜 받는다. 행정 업무와 수업도 즐기면서 놀이하듯 하니 아이들에게 화낼 일도 줄었다.

창의적인 아이디어는 일에 몰두할 때보다는 즐기면서 놀이를 할 때 많이 얻을 수 있다고 한다. 동료 교사인 박 선생과 자주 술자리와 당구 게임을 하면서 많은 창의적인 아이디어를 만들어내고 있다. 요 몇 년 동안 진로 관련 일을 하면서 교실에 앉아서 회의를 하기보다는 당구도 치고 식사도 하는 즐거움 속에서 아이디어를 생산해냈다.

청소년들의 공부도 마찬가지다. 주변 동료 친구들과 치열하게 경쟁하기보다는 서로 도와주고 보완해주면서 공부도 같이 하고 같이 게임도 하면서 서로 도움을 주고받는 배움 활동이 새로운 아이디어를 만들어낼 수 있는 힘이 되고 성적도 향상되는 것이다.

학교생활 속에서 동료 교사들과 학생들만 만나다가 초등학교와 고등학교 동창 친구들을 만나거나 다른 영역에서 활동하는 지인들을 만날 때마다 나는 내 자신이 세상을 너무 좁게 살고 있다는 생각을 하게 됐다. 매일 똑같은 일상 속에서는 새로운 가치를 창출할 수 없다. 그래서 몇 년 전부터 미준사(미래를 준비하는 사람들)라는 모임에 참여하고 있다. 미준사는 각각 다른 분야에서 활동하는 전문가들이 모여서 미래학을 공부하는 사람들의 모임이다. 교육활동과 전혀 다른 분야의 지인들을 만나면서 생각도 폭넓어지고 교육활동에도 도움이 되고 있다.

학생들이 자신의 잠재되어 있는 능력을 깨우기 위해 학교에서 공부·독서·체험활동을 하는 것도 중요하지만, 자신과 생각이 다른 친구들과 소통하는 연습을 하고 갈등을 해결하며 협업을 하는 것도 매우 중요하다. 물론 개개인의 이러한 도전정신과 열정을 뒷받침할 사회적인 환경을 만들어주는 것은 우리 어른들의 몫이다.

가정에서 해야 할 일은 밥상머리 교육을 통해 어려서부터 올바른 인성과 토의·토론을 통해 자기 생각을 조리 있게 이야기할 수 있는 힘을 키워줘야 한다. 부모의 생각을 자녀에게 주입시키기보다는 자녀 스스로 행동하고 자기 생각을 자연스럽게 이야기할 수 있는 분위기를 조성해줘야 한다. 가정에서 부모의 역할은 아이들이 성장하는 데 지대한 영향을 미친다. 부모의 행동 하나하나 언어 한마디 한마디가 아이들이 성장하면서 배우게 되는 것이다.

가정에서의 기본적인 교육이 올바른 인성 형성에 가장 많은 영향을 미친다. 부모와 자식의 연결고리는 보이지는 않지만, 항상 연결되어 있다는 것을 명심해야 한다. 자녀가 보지 않는다고 해서 무단횡단을 하고, 빨간신호에서 차량을 운전해서는 안 되는 이유이기도 하다.

학교에서는 학습 방법의 변화와 교육 시스템이 변해야 한다. 그러려면 대학교 입시제도 변화가 선행되어야 하는데, 현실적으로 힘들다면 학교 교육활동 속에서 아이들이 창의적으로 생각하고 어려운 문제들을 동료 친구들과 협업을 통해 해결해나갈 수 있는 능력을 키우는 교육이 이루어져야 한다.

문제해결, 비판적사고, 협업 능력, 의사결정 능력이 각 교과활동 속에서 길러질 수 있도록 교사는 수업을 설계하고 학생들이 수업시간에 생각들이 폭발적으로 일어날 수 있는 학생 중심의 수업 활동이 진행될 수 있도록 고민하고 준비해야 한다. 교과서에 있는 내용만 가르치는 것이 아니라 교과서를 재구성해서 토의 토론도 하고 학생들이 주도적으로 참여할 수 있는 활기찬 교실 환경을 만들어줘야 한다.

'2015 교육과정'에서 요구하고 있는 수업도 조용한 교실 분위기 속에서의 학습이 아니라 학생들이 서로의 생각을 공유하고 이야기할 수 있는 공간이 되어야 한다는 점이다. 유튜브 영상 시대 청소년들을 교육하기 위해서는 교사의 인식도 변해야 한다. 교사의 인식이 변해야 학교도 변하고 수업의 질도 변하게 된다. 교사가 변하지 않으면 교실 수업 환경도 예전 모습 그대로인 것이다.

지역사회와 국가는 어른으로서 모범을 보여야 한다. 횡단보도에서 무단횡단하는 것은 청소년들이 아니라 일부 어른들이다. 담배꽁초 버리는 것도 일부 어른들이다. 자녀를 태우고 운전하면서 신호 무시하는 경우도 일부 운전자들이다. 이런 환경 속에서 청소년들은 무엇을 배울까.

국가는 교육정책을 일관성 있게 추진해야 하고 지역사회는 청소년들이 안전망 속에서 자신들의 꿈을 만들어갈 수 있는 기회를 제공해줘야 한다. 계속 청소년들과 이야기를 하고 청소년들의 이야기에 귀를 기울이면서 정책들을 논의해야 한다.

미래사회가 요구하는 역량을 갖춘 인재로 키우기 위해서는 가정, 학교, 지역사회, 국가가 함께 고민하고 노력해나가야 한다. 청소년들이 공부에 스트레스받지 않는 사회가 되어야 그들이 성인이 되어서도 건강한 사회를 만들어갈 수 있다.

교육은 대한민국호가 몇백 년, 몇천 년 앞을 내다보고 진행되어야 한다. 지금 당장의 목표달성에 매몰되어서는 안 되는 것이다. 개개인의 노력이 미래 역량을 키우는 것이 당연하지만, 그러한 역량을 키울 수 있는 환경을 만들어주는 것이 우리 사회가 당면한 더 중요한 과제일 것이다.

떠오르는 직업은
이유가 있다

1985년 고등학교 졸업하고 친구들과 처음으로 음악다방에 가서 차 마시며 음악을 들었다. 60년대부터 인기 있었던 DJ는 음악다방에서 손님들이 음악을 신청하면 뮤직박스에서 음악을 틀어줬다.

DJ는 1960년대 인기가 있는 직업이었다. 내가 태어난 1960년대는 DJ뿐만 아니라 택시운전사, 자동차 엔지니어, 은행원, 교사, 전자제품기술자, 가발기술자, 섬유 엔지니어, 버스안내양이 인기 직업이었다.

초등학생 시절이었던 1970년대에는 트로트 가수, 건설기술자, 무역업 종사자, 화공 엔지니어, 기계 엔지니어, 비행기 조종사, 대기업 직원, 노무사, 항공기 승무원에 많은 젊은이가 몰렸다.

중·고등학교 시절과 대학교 시절을 보낸 1980년도에는 올림픽을 통해 우리나라가 세계로 뻗어나가는 시절이었고 사람들이

46

시야가 넓어졌던 시절이기도 했다. 증권과 금융인, 반도체 엔지니어, 야구선수, 탤런트, 드라마프로듀서, 광고기획자, 카피라이터, 선박 엔지니어, 통역사 등의 직업들이 주목을 받았다. 흑백 텔레비전에서 컬러텔레비전으로 바뀌고 집마다 텔레비전이 보급되면서 야구, 축구, 드라마, 음악방송 등이 전국으로 빠르게 퍼져나가 이와 관련된 직업들이 인기를 끌던 시절이다.

1990년대 대학교를 졸업하고 학교에 근무하면서 세상의 직업들은 좀 더 전문화·다양화되기 시작한다. 프로그래머, 벤처기업가, 웹 마스터, 펀드 매니저, 외환딜러, 가수, 연예인 코디네이터, 경영컨설턴트가 1990년대 인기를 얻었던 직업들이다.

2000년대에는 공인회계사, 국제회의전문가, 커플매니저, 사회복지사, IT컨설턴트, 인테리어 디자이너, 한의사, 프로게이머, 호텔지배인들의 직업들이 유망 직업으로 등장한다.

1960년대부터 2000년대까지의 유망 직업들을 보면 우리나라 사회·경제적 발전과 매우 밀접한 관련이 있는 것을 볼 수 있다. 시대 변화가 새로운 직업을 등장하게 하고, 유망했던 직업들을 역사 속으로 사라지게 한다. 1950년대 전쟁의 폐허 속에서 경제성장을 이루고 정부 주도의 경제정책으로 성장가도를 달리던 우리나라는 1997년 경제위기를 맞게 된다.

이 경제위기로 많은 기업들이 도산하고 은행들이 통폐합되면서 수많은 근로자들이 직장을 잃게 되었다. 그러면서 실업자가 증가하고 금리도 최고치를 경신하면서 개인 경제도 위기가 닥치자 정부는 IMF 구제 금융을 신청하게 된다. 한때는 잘나가던 직장인들이 하루아침에 일자리를 잃게 되면서 직장인들은 학교를 졸업하고 어느 분야의 직업이나 어느 회사에 다니느냐에 따라 생사의 갈림길에 서게 된 것이다.

경제위기 이후 우리나라 초·중·고 청소년들이 희망하는 직업에 변화가 생겼고 공무원 시험을 준비하는 학생들이 늘어나기 시작한다. 경제위기를 겪은 후, 평생직장이라는 개념이 흔들리기 시작한 것이다. 그러다 보니 좀 더 안정적인 직업을 찾고자 공무원이나 교사 등 봉급은 적지만 연금이 보장되고 더 안정적인 직업을 선호하게 된 것이다.

2018년 교육부가 집계한 초·중·고생 장래희망 직업을 살펴보면, 초등학교인 경우 운동선수, 교사, 의사, 요리사, 유튜버, 경찰관, 법률전문가, 가수, 프로게이머, 제과제빵사가 10위권 안에 들어 있다. 중학교는 교사, 경찰관, 의사, 운동선수, 요리사, 뷰티 디자이너, 군인, 공무원, 연주가, 컴퓨터공학자, 소프트웨어개발자, 고등학교는 교사, 간호사, 경찰관, 뷰티 디자이너, 군인, 건축가, 생명공학연구원, 컴퓨터공학자, 소프트웨어개발자, 항공기 승무원, 공무원으로 희망하고 있다.

유튜브나 페이스북 공영방송이나 케이블 방송 등의 영향을 많이 받고 있고, 학교 내에서 가장 많이 보는 직업이 교사이다 보니 교사나 공무원 등 안정적인 진로를 희망하는 학생들이 많은 것 같다. 청소년들이 희망하는 직업들은 과학기술 발전에 따라 변화하는 직업들이기도 하다. 과학과 기술의 발달은 끊임없이 새로운 직업들을 만들어내고 전문화시키고 있다.

미래학자 레이 커즈와일(Ray Kurzweil)은 《특이점이 온다》에서 "2045년경 기술이 인간을 넘어서 새로운 문명이 도래하는 특이점이 올 것이다"라고 전망했다. 지금 초·중·고학생들이 2045년이면 30대 말부터 40대 초반이 된다. 지금 희망하고 있는 직업들 중 앞으로 27년 후 남아 있을 직업은 몇 개나 될까? 대부분의 직업들은 인공 지능이 탑재된 인공 지능 로봇들이 맡아서 하게 될 것이고, 드론, 3D 프린터, 자율 주행 자동차, 사물 인터넷 등의 미래기술들은 미래 직업 판도를 크게 바꿀 것으로 전망하고 있다.

레이 커즈와일이 말한 2045년도에 다녀온 사람은 아무도 없다. 지금 기술을 바탕으로 예측할 뿐이다. 결국, 우리 인간이 특이점이 온다는 세상을 만들어가는 것이다. 그 중심에는 지금 초·중·고등학교를 다니고 있는 청소년들의 역할이 있다. 앞으로의 직업 환경은 산업구조가 고도화되고 정보화 사회로 급격히 변하고 세계가 일일생활권으로 바뀌면서 세계화가 가속화될 것이다.

1997년 경제위기 이후 평생직장과 완전고용의 개념은 사라지고 평균수명이 늘어나면서 평생 직업인으로 개인이 하고 싶을 때까지 일하는 시대가 오고 있다. 평생에 걸쳐 즐겁고 행복한 생활을 하면서 직업 활동을 하기 위해서는 세계 흐름을 파악하는 능력과 미래에 대비한 준비를 해야 한다. 대한민국이 경제

발전을 위해 애썼던 1970~1990년까지는 개인의 삶을 희생하면서 직장에 충성하고 그에 따라 승진과 고소득, 고용안정을 보장받았었다. 초등학교 동창들을 만나면 고등학교 졸업하고 들어간 회사에서 지금까지 일하는 친구들이 많이 있다. 평균수명이 늘어나면서 정년 연장과 임금 피크제를 실시하고 있다. 임금 피크제(salary peak)는 근로자가 일정 연령에 도달하면 정년을 보장하고 특정 시점부터 임금 수준을 낮추는 형태를 의미한다.

기업도 기술의 변화와 인구 구조의 변화 속에서 새롭게 탈바꿈하고 있다. 세계화 속에서 기업과 기업 간, 개인과 개인 간에도 무한경쟁시대가 되면서 일과 삶의 균형을 추구하려는 경향이 나타나고 있고 미래에도 개인주의와 워크 앤 라이프 밸런스(Work and Life Balance), 소확행(小確幸)을 추구하면서 직업 활동을 하려는 경향들이 두드러지게 나타날 것으로 전망하고 있다.

사라지는 직업과 떠오르는 직업은 나름 이유가 있다. 산업경제 시대에는 공업·건설 등 2차 산업 관련 직업들이 각광을 받았고, 정보사회에서는 정보·통신·인터넷 등 서비스업이 각광을 받으며 성장하게 된다. 지금 우리나라는 정규직보다는 비정규직이 늘어나고 있으면서 고용이 불안한 시대다. 학교 현장에서도 학생 수가 급감하다 보니 학급 수가 줄어들 것을 염려해서 정규교사를 채용하기보다는 계약직교사를 채용하는 사례가 늘어나고 있는 것이 현실이다.

혹자는 "지금까지 인류 역사 속에서 불안하지 않은 시절은 한 시도 없었다"고 말한다. 세상이 어떻게 변하든 로봇이 인간의 일자리를 모두 가져가든 그것은 막을 수 없는 대세일 수도 있다. 청소년들은 지금 보이는 직업이 아니라 변화하는 세상 속에서 새롭게 등장할 직업들이 무엇이 있을 것인가 고민하고 그 새롭게 등장할 직업들을 만들어가기 위해 어떤 준비를 해야 할 것인가를 고민해야 한다.

돈을 많이 벌기 위해 직업을 선택하기보다는 자아실현과 가정의 행복, 즐거움을 가질 수 있도록 우리는 다양한 경력을 개발해야 한다. 갈수록 치열해지고 다양화·전문화되는 생활 속에서 자신만이 할 수 있는 것과 직업 변화에 능동적으로 대처해나갈 수 있는 자질을 갖추려는 노력이 필요하다. 떠오르는 직업은 우리 모두가 스스로 만들어가는 것이다.

'2015 교육과정' 중학교 《진로와 직업》 교과서에 창직과 창업 단원이 처음으로 등장했다. 중학교 시기부터 창직과 창업에 대한 교육이 이루어져야 한다는 인식이 사회 전반에 퍼지고 있는 것이다. '2015 교육과정'에서도 청소년들이 급변하는 직업 변화 속에서 갖춰야 할 방향을 제시하고 있다.

얼마 전 모바일미술의 선두주자이신 화백 한 분을 만났다. 나보다 10년 정도 연세가 많으셨지만, 아주 열정적으로 인생 후반부를 설계해나가고 계신다. 직장에서 정년퇴직하시고 평소 그림에 관심이 많아서 퇴직 후에 본격적으로 그림을 그리면서 모바일 속에서 그림을 그리면 어떨까 하는 생각을 하셨다고 한다.

주변 지인들과 만나서 모바일 그림 그리기를 공부하고 전시회도 하면서 스마트폰 세대인 어린 학생들에게도 모바일 그림을 강의해주고 계신다. 정년퇴직 후 자신만의 직업을 만들어서 활동하고 계신 것인데, 시대의 흐름에 따라 새로운 영역을 개척해가다 보니 세상에 없던 직업이 탄생한 경우라고 볼 수 있다.

미래는 개인이 할 수 있는 일, 개인이 소중하게 행복을 누릴 수 있는 직업이 떠오르는 직업이다. 그 속에서 전문성을 발휘하고 세계 속으로 뻗어나가는 자신의 모습을 상상해보자. 그것이 세상 위로 떠오르는 직업이 되는 것이다.

공부하기가 가장 싫지만, 시험을 잘 보기 위한 공부만 하지 말고 새로운 것을 배워나간다는 생각으로 세상을 바라보고 공부해나가길 바란다. 자신이 어떻게 마음을 먹느냐에 따라 하기 싫은 공부가 되기도 하고, 자신의 꿈을 만들어가는 힘이 되는 공부가 되어 즐거울 수도 있다. 내 미래는 누가 만들어주지 않는다. 내가 보고 배운 대로 내 스스로가 만들어가는 것이다.

지금까지 변화해왔던 시대 속에서 각광 받았던 직업들은 나름대로 이유가 있다. 청소년 여러분들의 일상생활 속에서 좀 더 편리하고 좀 더 즐거움을 줄 수 있는 일을 찾는다면 그것이 미래 유망한 직업이 될 확률이 크다. 미래 모습은 자신이 만들어가는 세상이다. 세상 속에서 주인공이 되려는 노력이 필요하다. 미래사회 속에서 주인공이 되는 상상을 해보면 어떨까? 그 상상 속에서 새로운 유망한 직업들이 새롭게 생겨날 것이다.

　글을 쓰겠다고 마음먹기 전까지 나는 주변 사람들로부터 워커홀릭(workaholic)이라는 소리를 많이 들었다. 진로교사가 되면서 수업은 일주일에 10~12시간이지만, 전교생 대상 진로상담을 8시간 이상을 해야 하다 보니 진로 관련 행정 업무는 근무 중에 처리하지 못하게 되고 초과근무하기 일쑤였다. 서울진로진학상담교사 협의회와 중부진로교사 모임 활동에도 적극적으로 다니면서 주말이 따로 없었던 것 같다.

　아이들이 다 크고 내 생활이 많아지자 학교 진로교육뿐만 아니라 외부 진로교사 모임도 많이 참석하면서 일에만 빠져 있었다. 중구청뿐만 아니라 교육청에서 공모하는 진로교육 관련 사업도 교내에서 진행하면서 주변 동료 교사들의 불만 섞인 원성도 들어야 했고, 밤낮없는 많은 일들을 소화하면서 스트레스도 받기도 하고 술자리도 빈번해지면서 몇 년간 워커홀릭으로 살았다.

내 생활의 변화를 가져온 것은 '내가 지금 하고 있는 일이 학생들에게 도움이 조금이나 되겠지만, 나에게는 어떤 도움이 되지?'라는 의문에서 출발했다. 내 스스로 나에 대한 정체성을 찾지 못하고 일에만 몰입되면서 스트레스가 쌓이기 시작했었다. '내가 누구이고 내가 일하는 이유가 무엇인가'라는 물음은 객관적으로 나를 바라보게 했다.

지금까지의 진로교육 활동과 내 이야기를 글로 써 봐야겠다는 생각을 갖게 되고 내 생각을 어떻게 글로 표현할지 고민하면서 글쓰기 관련 책을 사서 읽어 보기도 하고 글을 쓰는 데 도움을 받을 만한 곳이 없나 카페를 찾아보면서 글쓰기 공부를 시작했다. 카페를 활동하는 중에 1인 기업 관련 컨설팅을 받고 카페에 내 이야기를 올리면서 워크 앤 라이프 밸런스(Work and Life Balance), 소확행이라는 새로운 용어를 이해하게 됐는데, 워라밸은 '일(work)과 삶(life)의 균형(balance)'이라는 뜻이고, 소확행은 일상에서 느낄 수 있는 작지만 확실하게 실천 가능한 행복을 의미한다.

가장 무더웠던 2018년 여름, 나는 워라밸과 소확행을 찾기 위해 내 삶의 계획을 세우고 실천해나갔다. '가지 많은 나무 바람 잘 날 없다'는 말처럼 모임도 많고 외부활동도 많다 보니 내 몸과 정신이 피폐해졌던 것 같다. 우선 실행에 옮긴 것이 가지치기다. 학교 수업 및 진로 활동, 그리고 자기계발에 도움이 되는 모임 활동, 글쓰기 활동만 빼고 모두 정리했다.

내 목표는 정년퇴직 때까지 매년 한 권씩 도서를 출간하는 것이다. 정년퇴임 후에도 끊임없이 워라밸과 소확행을 이루는 삶을 살아가기 위한 사전 작업들이다. 퇴임 후의 일을 생각하고 하는 일들이지만, 건강도 유의해야 한다. 학교에서는 학교 업무와 수업 활동에 최선을 다하고, 정시에 퇴근해서 헬스장에서 운동을 하거나 당구장에 들러 당구 게임도 하면서 퇴근 이후는 나를 위한 시간을 보내고 있다.

나는 아침잠이 없어 새벽에 글쓰기 활동을 주로 하는 편이다. 주변 친구들은 '왜 그리 피곤하게 사느냐'고 말한다. 그러나 글쓰기 활동은 내 삶의 또 다른 세상을 만들어주고 있다. 남들이 보기에 피곤할지 모르지만, 내 자신은 즐겁게 아침 시간을 글쓰기에 투자하고 있는 것이다.

정부에서도 주 52시간 근로기준법 개정이 통과되면서 2018년 7월 1일부터 300명 이상 사업장에서는 개정된 법을 준수하도록 하고 있다. 대응 능력이 부족한 중소기업, 줄어든 급여 등 부정적인 측면도 있지만 돈보다는 삶의 질을 우선하고 가족과 저녁 시간을 보낼 수 있다는 긍정적인 측면도 있다. 나는 맞벌이를 하다 보니 아들 둘이 성인으로 성장할 때까지 직장과 가정에서의 자녀교육이 힘들었다. 그래도 토요일, 일요일은 쉬면서 가족들끼리 여행도 다니고 자주 어울리려는 활동을 했다. 진로교사를 하면서 바쁘다 보니 일주일에 가족끼리 저녁을 먹을 수 있는 시간은 토요일이나 쉬는 날밖에 없게 된다. 대화할 수 있는 시간이 점점 줄어들고 있는 것이다.

청소년 시기에는 가족의 역할이 매우 중요하다. 문제없는 가정에서 방황하는 청소년이 나오진 않는다. 중학교 입학한 아이들의 면면을 살펴보면서 부모의 교육이 필요하다 싶으면 부모님에게 상담하러 학교에 오실 것을 요청드린다. 아이 부모님을 상담하면서 청소년 시기에 자녀를 어떻게 지도해야 할 것인지 서로 이야기하며 해결점을 찾는다.

형과 나이 차이가 있음에도 자주 싸우고 다투는 아이가 있고, 아이가 게임을 하루종일 하는 데도 부모가 제어하지 않는 경우도 있다. 이 사례들을 보면 일주일 내내 직장에서 시달렸던 아빠는 집에만 오면 텔레비전이나 보든지 아니면 게임에만 빠져 있고 아이들과는 대화도 잘 하지 않고 어울려 지내려 하지 않는 것을 알 수 있다.

아침 일찍 출근해서 저녁 늦게 퇴근하다 보니 쉬는 날은 쉬고 싶은 것이 당연하다. 일과 삶의 균형을 누릴 수 있는 시간들을 법으로도 정해놨으니 많은 직장인들이 자기계발이나 취미 활동을 하는 사례들이 많아지고, 중국어 학원 등 외국어 강좌들도 일찍 퇴근하고 저녁 시간이 있는 직장인들 대상으로 홍보하고 있다.

나는 저녁이 있는 시간을 일주일에 2~3일 정도 자녀들을 위해 활용했으면 좋겠다고 생각한다. 자녀와 게임도 하고 자녀가 다니는 학원도 방문해서 열심히 공부하는 자녀의 응원도 해주고 끝나면 맛있는 것도 사주면서 아빠, 엄마 이야기도 해주는 가정 문화가 폭발적으로 일어났으면 좋겠다는 생각이다.

　러시아 비평가 벨린스키(V.G.Belinskii)는 "인격 소양은 행운을 가져다주는 돌이다"라고 말했다. 지금 시대는 지식만이 중요한 것이 아니라 인격을 갖춘 인재를 원하고 있다. 인격 소양을 쌓고 자신의 목표를 향해 꾸준히 노력해나간다면 언젠가는 반드시 행운의 기회를 얻게 될 것이다.

　인격 소양은 어느 한순간에 이룰 수 있는 것이 아니다. 일상생활 속에서 습관화되어야 한다. 엄마와 아빠와 같이 저녁 있는 시간을 가지면서 삶을 살아가는 지혜를 얻게 되고 올바른 가정 문화를 익힌 청소년은 성장해서도 화목한 가정을 이끌어갈 것이다. 인격은 어려서부터 갖추어야 할 역량이다. 가정과 학교는 청소년들이 어려서부터 성인이 될 때까지 올바른 인격을 갖출 수 있도록 지도해야 하는 책무가 있다.

　직장에서도 일과 삶에 관한 새로운 트렌드가 시작되고 있다. 근로기준법을 꼭 지켜야 해서 실행하는 것이 아니라 직장인들의 행복과 즐거움을 찾아주는 삶이 중요하기 때문에 실행에 옮기는 것이라고 생각한다. 잘 놀고 잘 어울리는 사람이 공부도 잘하듯이 취미 생활도 잘 하고 자신이 하고 싶은 일도 최선의 노력을 하는 사람들이 직장에서도 업무에 충실할 수 있다.

　시대의 변화는 역행할 수 없는 것 같다. 초등학교 동창회에서 "저녁은 가족과 함께 보내라며 정시 퇴근을 하고, 직장 전체 회식도 1차에서 끝내고 집에 일찍 들어갔는데 막상 일찍 들어가니 어색하고 무엇을 해야 할지 고민되더라. 그렇지만 점차 집에서 아이들과 이야기하고 아내와도 대화하는 시간이 많아지면서 가정은 화목해지는 것 같더라"고 하며 가족과 더 많은 시간을 보낼 수 있어서 좋았다는 친구의 말이 새삼 떠오른다. 이런 시대 변화를 고려해서 청소년들은 자신에게 맞는 진로 방향을 설정하고 계획을 세워야 한다.

여러분은 어떤 취미 생활을 하고 싶은가? 100세 시대 건강하게 행복하게 살아가면서 주변 사람들과 즐겁게 할 수 있는 취미 생활은 한두 개씩은 만들어야 하지 않을까? 취미 활동도 좋고 가족과 함께할 수 있는 여가 활동도 좋다.

나는 청소년 시절 배우고 싶었던 것이 없었던 것 같다. 경기도 화성시에 있는 조그만 시골 마을이다 보니 다양한 정보는 텔레비전에서나 얻을 수 있었다. 텔레비전도 자주 볼 수 없었기 때문에 세상 돌아가는 이야기들을 만날 기회가 적었던 시절이었다. 시골에 살았고 주변에 바닷가가 있었음에도 모두가 잘하는 수영도 못 한다. 지금 생각해보면 배울 의지가 전혀 없었던 것 같다. 청소년 시절 배울 기회도 없었고 배울 생각도 없었던 나는 살아오면서 취미와 특기 란에 '독서'라고만 표시했었다.

청소년 시절 배움의 기회를 놓친 나는 지금까지도 별다른 취미 생활을 못 하고 있다. 그만큼 청소년 시절의 경험은 평생에 걸쳐 소중한 것이다. 지금도 뭔가를 배우려면 불안해지기부터 한다. 결국, 대학교 때 조금 배웠던 당구가 유일한 취미가 됐다.

이렇게 일과 삶에 대한 인식은 빠르게 변하고 있다. 아이들도 성인이 되면 사회생활을 하고, 인생의 과업이 주어질 것이다. 학생의 본분인 공부를 열심히 하는 것도 중요하지만, 앞으로 어떤 취미를 가지고 어떤 가치를 추구할지에 대한 생각도 폭넓게 해야 할 것이다. 우리 학생들이 취미활동과 체육활동을 하면서 지금보다 즐겁게 공부하면 좋겠다. 직장인들에게만 있는 일과 삶의 균형이 아니라 진학과 취업을 위해 열심히 공부하고 있는 청소년들에게도 취미생활은 필요하다.

청소년 시기에 배운 취미 활동은 평생 삶을 살아가면서 활용할 수 있다. 배울 때 배워두자. 음악 활동, 스포츠 활동 등 뭐든지 배워보자. 아들 둘을 키우면서 어려서부터 수영과 피아노, 태권도는 배우도록 했다. 어려서부터 배워둔 피아노는 청년이 되어서도 집에 들어오면 가끔 피아노 앞에 앉아서 연주하기도 한다.

평균수명이 늘어나면서 100세를 넘어설 것으로 예측하고 있다. 건강하고 긍정적인 생각들이 일과 즐거운 삶의 균형을 이루게 되는 것이다. 워라밸, 소확행을 누리며 사는 삶은 청소년 시절부터 준비해둬야 한다. 잘할 수 있는 것과 좋아하는 것들을 많이 만들자. 자신들의 영역을 확장시키고 즐거움이 많은 삶을 살기 위해서는 많은 것을 익히고 습득해나가야 한다.

일과 삶에 대한 변화는 예전부터 진행되어오고 있다. 이 변화 속에서 흔들림 없는 자신의 생각과 행동이 필요하다. 사회는 우리가 생각하고 행동한 대로 움직여왔다. 청소년들의 미래 삶도 생각하고 행동하는 대로 진행될 것이다.

다가올 미래를 상상하면서 오늘 이 순간을 즐기며 최선을 다하는 생활을 하자. 인생의 주인이 오롯이 자신임을 알고, 일의 주인일 뿐만 아니라 일과 삶의 균형을 이루는 진정한 주인공이 될 수 있기를!

60

진로교육의
미래를 그리다

우리나라의 진로교육은 2012년도부터 중·고등학교에 진로진
학상담교사가 배치되어 〈진로와 직업〉 교과 수업뿐만 아니라
진로직업체험, 진로상담을 진행하고 있다. 진로교사가 전체 학
생들의 진로교육을 책임진다는 것은 힘든 문제지만, 진로진학
상담교사는 학교 현장에서 자신이 맡은 임무에 충실히 수행해
오고 있다.

2016년도부터는 전국에 있는 중학교에서 자유학기제가 시작
되고 자유학년제로 전환하고 있다. 진로교육은 초등학교부터
대학교를 졸업하고 직장생활 퇴직 후까지 일생 동안 진행되어
야 한다고 생각한다. 중학교 3년 반짝 진로교육이 중점적으로
이루어지고 초등학교와 고등학교에서는 진로교육이 제대로 이
루어지지 않는다면 진로교육이나 자유학년제의 의미가 사라지
는 것이다.

다행스러운 것은 2018년부터 초등학교에서 진로교육이 전면적으로 시행되고 있다. 고등학교도 대학입시제도만 변한다면 평생에 걸친 진로교육의 발판이 마련되지 않을까 생각한다.

해외 국가들의 진로교육은 오랜 세월 시행착오를 겪으면서 발전되어오고 있다. 우리나라 자유학년제 롤모델인 아일랜드의 전환학년제(Transition year)는 중학교를 졸업한 후 고등학교에 진학하기 전 1년간의 진로탐색을 할 수 있는 제도를 말한다. 아일랜드의 학생들은 1년간 전환학년제 동안 진로직업체험, 봉사 활동, 프로젝트 활동 등의 다양한 활동을 하게 되고, 박물관, 미술관, 천문대, 농촌, 어촌 등 현장에 직업 찾아가는 체험 활동이 진행되고 있다. 이러한 경험을 통해 학생들은 자신에게 맞는 진로를 찾고 사회 속에서 자신이 해야 할 역할에 대해 배울 수 있다.

덴마크의 애프터스쿨(After School)은 14~18세 대상의 청소년들에게 인성 발달 및 실용예술 중심으로 교육이 이루어진다. 공립기초학교 9년 과정을 마치고 고등학교를 진학하기 전 자신의 진로탐색이 필요한 경우 10학년을 선택해 진로탐색 프로그램에 참여할 수 있다.

영국 갭이어(Gap year)는 고등학교 졸업 후 대학에 입학하기 전 1년간 다양한 경험을 쌓을 수 있는 제도다. 학생들은 학업을 병행하거나 잠시 중단하고 봉사, 여행, 진로탐색, 교육, 인턴, 창업 등의 다양한 활동을 직접 체험할 수 있다. 1년간 진로탐색 기간은 정식 학년으로 인정은 되지 않지만, 스스로 자기 자신의 성향을 찾으며 미래 삶을 설계할 수 있는 기회이기도 하다.

스웨텐의 프라오(PRAO)는 중등학교 교과 과정에서 8, 9학년 학생들이 의무적으로 참여해야 하는 직업체험 기간이다. 3학년은 2주간, 9학년은 1주간 학교에서 수업을 받는 대신 지정된 기업에서 현장훈련을 하게 된다. 진로탐색을 위한 별도의 기간은 정해져 있지 않지만, 학생들은 진로를 정할 수 있고 직업 속의 예절과 업무를 미리 경험할 수 있는 제도다.

청소년 시절부터 자신의 진로방향을 설정해나갈 수 있는 방안이 외국에서는 우리나라보다 활발하게 이루어지고 있고 역사적으로 오래 진행되어 오고 있다. 단기간에 성과를 내기보다는 진로교육을 진행하면서 학생과 학부모, 그리고 학교의 피드백을 받아 정책에 반영하고 계속 수정·보완해 진행되어야 한다. 위에서 제시한 외국의 사례를 무분별하게 수용하기보다는 우리나라 실정에 맞는 진로교육 정책을 마련해야 한다.

정부는 진로교육법을 2015년 6월에 제정하고 2015년 12월부터 시행해오고 있다. 진로교육법이 시행되면서 학교 현장에서도 진로진학상담교사를 중심으로 진로교육이 활발하게 이루어지고 있다.

학교 현장에서 진로교육을 계획하고 실행에 옮기면서 가장 중요하게 생각된 것은 학교와 사회적 공감대와 올바른 인식의 필요성이다. 아직까지 학교 현장에서도 진로교육의 방향과 필요성에 대해 자세히 알고 있지 않은 교사들이 많다.

여기저기에서 정부의 정책과 진로교사의 진로교육 추진 사항에 대해 부정적인 생각부터 내놓기도 한다. 이러한 현상은 그동안 우리나라 교육정책이 대학 입시에 맞춰져 있고, 정권이 바뀔 때마다 교육정책이 계속 바뀌어온 것에 대한 불신이 내면에 존재하기 때문일 것 같다.

청소년들이 대학 입시라는 굴레에서 벗어나 자신의 꿈을 스스로 만들어갈 수 있는 올바른 진로교육을 하기 위해서는 학교, 사회, 학부모, 교사, 정부, 기업들이 진로교육의 중요성과 필요성을 사회적으로 공감하며 부정적이고 비참여적인 인식을 개선하는 것이 필요하다.

진로교육은 사람이 태어나서 죽을 때까지 평생교육 차원에서 진행되어야 한다. 진로교사가 배치되고 진로수업이 진행되면서 고등학교 입학한 청소년들이 진로수업에 적극적이지 않다는 얘기를 많이 듣는다. 중학교와 고등학교 교과서가 다르지만, 동영상이나 활동들은 중학교에서 이미 배운 내용의 재탕이 되는 경우가 많았기 때문이다.

2018년부터 초등학교도 진로교육이 진행되면서 똑같은 경우가 발생할 수 있다. 즉, 초등학교, 중학교, 고등학교 등 학교급별 요구하는 진로교육목표에 맞는 진로교육이 계획되어야 하고 교과서 내용과 수업 내용도 급별 수준에 맞게 운영되어야 한다. 유치원, 초등학교, 중학교, 고등학교에서의 단계별 진로교육과 평생 학습 차원에서 모든 활동이 진로와 연계되는 로드맵이 제대로 구축되어야 한다.

"배우기만 하고 생각하지 않으면 어두우며, 생각만 하고 배우지 않으면 위태롭다."

논어에 나오는 글이다. 진로교육이나 자유학기 자유학년제는 진로 직업체험만을 의미하지는 않는다. 미래 시대가 요구하는 역량을 갖추기 위한 교육적 시스템이 갖춰져야 한다. 청소년들이 수업 중에 자신의 생각을 자유롭게 이야기하고, 수업 주제를 가지고 자유로운 토의·토론이 폭발적으로 일어나야 한다.

학생들이 스스로 참여하고 만들어가는 수업이 진행되고 교과 간의 융·복합 수업이 학교 내에서 자유롭게 이루어져야 한다. 그러기 위해서는 교사들의 부단한 연구와 노력이 필요하다. 〈진로교육법〉 제4조 제2항은 "모든 학생은 발달단계 및 개인의 소질과 적성에 맞는 진로교육을 받을 권리를 가진다"라고 진로교육의 학습권을 제시하고 있다.

초등학교 저학년, 초등학교 고학년, 중학교, 고등학교 등 각각 청소년들의 발달단계에 따라 각 교과목에서 진로와 연계된 수업 활동이 진행되어야 한다. 가정에서 부모들은 자녀들의 성장 발달을 잘 살펴서 성장 기간 배워야 할 것들과 오감을 활용한 활동에 자주 참여시키고 어려서부터 자기 생각을 정리할 기회를 부여하고 주변 사람들을 배려할 줄 아는 경험들을 쌓을 기회를 제공해줘야 한다.

학교에서 시행되고 있는 진로교육도 외국 사례를 무분별하게 들여와서 적용하기보다는 우리나라 교육현장에 맞게 재구성되어야 한다. 그러기 위해서는 현장 교사들의 의견과 부모의 의견들도 들어보고 정책이 반영되어 추진되어야 한다.

수업방법개선 교사 동아리를 운영하면서 과목별 융합 수업에 진로요소를 포함하려고 하면 습관적으로 싫어하는 사람들이 있다. 왜 그런지는 모르겠지만, 국가의 진로교육 정책에 불만일 수도 있고, 아직까지 교사들 사이에 진로교육이 스며들지 않았기 때문일 수도 있다. 기존의 교과수업을 탈피해 각 교과목 속에서 학교 급별 상황에 맞는 진로요소가 포함된 수업이 진행되기 위해서는 모든 교사가 서로의 수업 방법을 공유하면서 협력해나가야 한다.

대학에 진학하기 위한, 대기업 취업을 하기 위한, 공무원이 되기 위한 공부가 아니라 청소년들이 생애 전반에 걸친 꿈과 목표를 만들고 그 목표들을 단계별로 실행에 옮길 방안들과 콘텐츠가 만들어져야 한다. 기업들도 청소년들의 진로교육을 위해 사업장 견학과 체험 활동을 통해 다양한 꿈을 만들어갈 기회를 제공해주면 좋을 것 같다. 진로로드맵은 어느 한 곳에서만 진행되어서는 안 된다. 사회 모든 분야에서 기관과 기관, 개인과 기관 간의 유기적인 연결 속에서 폭발적으로 일어나야 한다.

진로교육과 자유학기제는 교실 속에서의 수업 변화다. 진로교육이 체험 위주의 교육만을 의미하지는 않는다. 청소년들이 자신의 미래에 대해 꿈을 꾸고 그 꿈들을 포도송이처럼 알알이 맺도록 하기 위한 진로교육이 이루어져야 한다. '우리는 어떤 길을 안내할 것인가' 하는 고민이 청소년들의 꿈을 만들어주는 진로교육의 출발점이지 않을까?

chapter
02

교실 밖에서 진짜 나를 만나다

청소년을 위한 진로멘토링 38

청소년을 위한

진로멘토링

38

교실 밖에서
진짜 나를 만나다

"선생님, 고등학교 원서 쓰려면 얼마 남지 않았는데 아직까지 저는 꿈이 없습니다. 얼마 전에 모 공업 고등학교 학교 방문 행사에 다녀왔는데 생각보다 좋았어요. 근데 특성화 고등학교에 진학해야 할지 확신이 없어요. 성적은 전교 중간쯤 하는데 일반 고등학교에 진학하면 바닥칠 것 같고, 그렇다고 특성화 고등학교로 가자니 왠지 후회할 것 같은 그런 찜찜한 마음 때문에 진학을 정할 수가 없어요."

매년 10월쯤 되면 고등학교 진학문제로 상담신청을 하는 아이들이 증가한다. 속으로는 '그렇게 미리미리 준비하라고 진로 수업시간에 그리 얘기했는데 인제 와서 걱정하니?'라는 말을 해주고 싶다. 하지만 어른도 미리미리 준비가 안 되는데, 아직 어린 중학생들이야 오죽하겠나 하는 생각이 들기도 한다.

특성화 고등학교 진학하기 위해서는 관련 학과에 맞는 적성과 흥미를 가지고 있어야 하는데, 중학교 성적이 낮아서 공부하기 싫어서 일반고보다는 특성화고에 진학해서 취업을 목적으로 가려는 경향이 있다. 특성화 고등학교는 일반고보다 더 많은 더 어려운 과목을 공부해야 하는데, 특성화 고등학교에 어떤 과목들이 있는지 무얼 배우는지 구체적으로 알아보지 않고 진학을 결정하는 경우가 많다. 기계과면 기계 관련 전문 용어도 배워야 하고, 컴퓨터 관련 학과면 컴퓨터에 관한 세세한 공부를 해야 한다는 사실을 아이들은 알아야 한다.

"선생님 진로 목표가 없어서 공부가 안돼요."
"진로 목표가 중학교 시기부터 정해서 준비하면 금상첨화겠지만, 대부분 사람들이 중학교부터 자신의 진로 방향을 설정해서 준비하는 경우는 극히 일부분이란다."

고등학교 진학을 앞두고 고민하는 아이들이 너무 많다. 중학교를 3년 다니면서 무얼 준비해야 3학년 때 고민을 덜 하게 될까?

우선, 학교 내에서 진행되는 학습 활동, 체험 활동, 동아리 활동, 봉사 활동 등에 적극적으로 참여해야 한다. 그래야만 최소한 중3이 되어서 '잘하는 것, 좋아하는 것이 없는데 어느 고등학교 가야 하지?'라는 고민을 하지 않게 된다. 초등학교 졸업하고 고등학교 진학을 위해 준비하는 경우도 있지만, 대부분의 아이들은 중1, 중2, 중3이 되면서 가고자 하는 고등학교가 계속 변하고 고등학교 선택의 폭도 좁아지게 된다. 꿈이 있고 진로 목표가 있다면 관련 고등학교 진학을 위해 부단한 노력을 해야 한다. 특히 학교 내에서 실시하는 모든 활동에 적극적으로 참여해야 한다. 시험을 못 봤으면 수행평가라도 제대로 해서 내신 성적도 관리해야 한다.

학교 내에서 진행되는 활동도 중요하지만, 학교 밖에서의 활동도 중요하다. 36년 전 중·고등학교 시절에는 학교에서 배우고 활동하는 것이 전부였다. 요즘에는 학교 내뿐만 아니라 다양한 영역의 외부활동을 할 수 있는 공간들이 많이 있다. 얼마든지 마음만 먹으면 자신의 꿈을 교실 밖 활동에서도 찾을 수 있다는 것이다.

교실 밖 활동은 진로체험, 캠프, 스카우트, 박람회, 연극, 뮤지컬, 영화, 스포츠경기, 봉사 활동 등 다양하다. 외부 활동들이 학교생활기록부에 기록은 되지 않지만, 고등학교, 대학교 입시부터 실시되는 면접고사와 실기고사에는 영향을 준다.

내가 오래전에 담임을 했던 학생이 있었다. 청소년 수련관에서 청소년운영위원을 선발한다는 공문을 보고 지원하게 했더니 이 학생이 지원해서 고등학교 졸업할 때까지 운영위원으로 활동했었다. 고등학교에서도 공부보다는 이 활동에서 친구들을 만들고 주말마다 봉사 활동에 참여하는 등 청소년수련관 운영위원 활동에 적극적으로 참여했다.

대학교 입시를 앞두고 가족들은 이 학생이 대학교에 들어는

갈 수 있을지 고민이 많았다고 한다. G대학교 면접고사에서 면접관이 자기소개서 속에 있는 '청소년운영위원'에 대해 질문을 했다고 한다. 이 학생은 4년 동안 했던 활동을 자세하게 설명할 수 있었고 면접관도 청소년운영위원 관련 질문만 하고 면접시간을 마쳤다.

G대학교 합격자 발표 날 자신의 이름을 발견한 이 학생은 뛸 듯이 기뻐했다. 극히 일부이기는 하겠지만, 자신이 4년간 청소년 운영위원으로 활동하면서 직접 경험했던 사실들을 면접관에 자신 있게 설명할 수 있었고, 결국 서울 시내 명문대학교에 입학할 수 있었다. 우리는 무엇인가 한두 가지만 몰입해서 파고 든다면 언젠가는 빛을 발한다는 것을 이 학생 사례를 통해 배울 수 있다.

학원에 다니면서 기타, 피아노, 미술, 영어, 수학을 배우는 것도 중요하지만, 더 중요한 인성과 대인관계 능력을 배울 수 있는 것이 '청소년 운영위원 활동', '청소년 기자단 활동', '청소년 봉사단 활동' 등이다. 이러한 정보들은 부모들이 직접 인터넷과 관련 기관 정보를 활용해서 얻을 수도 있지만, 학교에 엄청 쏟아지는 공문 속에서도 찾을 수 있다. 학교로 전달되는 다양한 외부 활동들은 결국 교사의 몫이다. 학교는 가정통신문을 활용하고 학교 홈페이지에 정보를 공유할 수 있어야 한다.

스티브 잡스는 "창조성은 서로 다른 것들을 연결하는 것"이라고 했다. 전혀 다른 관점과 아이디어가 지금까지 없었던 새로운 것을 창조적으로 생각하고 만들어내는 것이다. 수학 성적만 낮다고 수학학원만 열심히 다닌다고 해서 수학 성적이 꾸준히 오르지 않는다. 수학과 관련 없는 활동도 해줘야 한다는 것이다.

소프트뱅크 대표이사 손정의는 "다른 사람이 이미 한 것이라도 그것을 크게 뛰어넘는 것을 해야 하는데, 컴퓨터보다 뛰어난 것은 새로운 것을 창조해내는 능력이다"라고 하면서 생각하고 생각해서 자신만의 능력을 발휘해야 한다고 했다.

교실 밖에서 진행되는 프로그램은 친절하게 안내해주지 않는다. 학교에서 배부되는 가정통신문, 신문 사이에 끼어서 들어오는 수련관 프로그램, 주택가 게시판에 붙어 있는 지방자치단체나 청소년 수련관, 복지기관들의 광고 정보들, 그리고 요즘에는 인터넷의 홍보를 통해 찾아볼 수 있다.

자녀들이 어려서부터 적극적으로 정보를 찾아서 참여할 수 있도록 부모들은 관심을 가져야 한다. 경제적 부담이 되는 프로그램들도 있지만, 전혀 부담되지 않는 좋은 프로그램들도 많이 있다. 고등학교 학창시절까지는 아이들의 성향이 수도 없이 변한다. 변화 시기에 맞춰 성장할 수 있는 방법 중의 하나가 체험 프로그램들이다.

주말만 되면 게임에 빠져 있는 자녀들과 갈등만 할 것인가? 컴퓨터나 스마트폰 속에 생활하는 자녀들을 집 밖으로 나가서 활동하게 하고 싶은가? 그렇다면 홍수처럼 쏟아지는 정보들을 살펴봐야 한다. 요즘에는 대부분 인터넷에 프로그램 활동 상황을 업로드시켜준다. 그러면 참여했던 사람들의 체험 후기가 올라

온다. 체험 후기를 읽으면서 프로그램이 자녀에게 맞을지 그렇지 않을지 파악할 수 있다.

어려서는 부모와 같이 참여하는 프로그램이 좋다. 부모와 같이 다니면서 친구들을 사귀고, 관계 능력도 향상시키다 보면 중학교, 고등학교 시기에는 스스로 참여할 수 있는 힘이 생기게 된다.

자녀를 성장시키는 교육은 학교에서만 이루어지는 것이 아니다. 밥상머리 교육, 마을에서 이루어지는 교육, 친구들과 프로그램 활동을 통해서 관계를 배우는 교육 등이 필요하다. 급변하는 세상 속에서 자녀들이 자기주도적인 삶을 만들어가는 자신의 모습을 상상해볼 수 있는 기회를 많이 줘야 한다.

앞으로 20년 후 자녀들이 성인이 되어서 이 사회의 중추적인 역할을 하는 시기에는 지금과 완전히 다른 세상이 열려 있을 것이다. 이러한 사회 속에서 적응하고 살아남기 위해서는 다방면의 재능을 키워줘야 한다.

재능은 소극적인 생활 속에서는 발현되지 않는다. 스스로 찾아보고 스스로 활동해보고 집단 관계 속에서 재능을 키워가야 한다. '천재보다는 노력하는 사람이, 노력하는 사람보다는 즐길 줄 아는 사람이 성공한다'고 했다. 질풍노도의 시기인 청소년기를 무사히 넘어가길 원하는가? 그러려면 힘이 있어야 한다. 마음의 근육을 만드는 활동에 적극적으로 즐기려는 마음으로 참여해야 한다.

학교 내에서의 교육 활동도 중요하지만, 학교 밖에서의 활동을 통해서 진짜 나를 만나는 기회를 찾는 것도 중요하다. 진로

체험, 진로캠프, 진로박람회 등에 적극 참여하며 자신의 재능을
찾아 역량을 강화시켜나간다면 조금씩 명확해지는 자신을 발견
할 수 있을 것이다.

7년 차 진로교사로 오며
깨달은 것들

"부장님, 오늘 아침 교장선생님이 저희 반에 오셔서 진학지도 최고 전문가는 누구냐고 여쭈어보셨는데, 아이들이 뭐라고 대답했는지 아세요?"

"담임선생님이라고 대답했겠지."

"아니에요, 교장선생님도 제 이름이 나올 줄 알고 물었던 건데 아이들 입에서 부장님 이름이 나왔어요. 순간 교실에 정적이 감돌았죠. 교장선생님 의도와 다른 대답이 나와서요, 조금 지난 후 아이들도 이상함을 느꼈는지 담임선생님이라고 이야기하더라고요."

점심시간 3학년 담임인 정 선생의 이야기는 식당을 웃음바다로 만들었다. 학생들과 학부모님들, 그리고 동료교사들 사이에도 이제는 진로와 진학교육의 전문가로 자리를 잡아가고 있는 것 같아 흐뭇했다.

2012년 1월 2일 진로진학상담교사 부전공 연수를 받기 위해 긴장과 호기심 속에 대구행 버스를 타고 인터불고 호텔 연수 장소로 떠나던 순간들이 주마등처럼 스쳐 지나간다. 8개월 동안 600시간 넘는 연수 시간은 틀 속에서 강의식 수업만 강조했던 내 사고의 틀을 깨부수고 새로운 세상 밖으로 나오게 하는 기회이기도 했다.

국어, 영어, 사회 과목 등 다양한 과목을 15년 넘게 가르쳤던 선생님들이 진로진학상담교사로 진로를 변경해 학교 현장에서 진로와 진학상담 전문가로서 활동하기 시작했다. 부전공 자격 연수를 통해 진로진학상담교사 자격을 취득했지만, 학교 현장에서 어떻게 적용해나갈지는 갈팡질팡하는 분위기였다.

진로교육 콘텐츠는 제대로 갖춰지지 않은 상태에서 우리 자신의 역량부터 변화시켜야 했고, 지역별 진로교사들이 모여서 워크숍, 독서모임 등을 통해 서로 수업방법을 논의하고 수업자료를 공유하면서 하나하나 만들어가기 시작했다. 이런 노력이 7년이 지난 지금에 와서는 수업의 질과 양적인 측면에서 많은 변화를 이끌어냈다.

진로교육의 7년을 바라보면 개인적으로 긍정적인 요인과 보완이 필요한 요인으로 나누어 생각해볼 수 있다. 도덕과 사회 과목을 수업했을 때는 교과서 내용을 전달하는 데 충실했었다.

예전 학창시절 지리 선생님이 칠판 가득 수업 내용을 써놓고 설명하듯 칠판을 두 개의 영역으로 나누어 단원 요점 내용을 적고 아이들이 필기한 후 설명하는 방식이었다.

진로교사가 되면서는 이러한 방식이 학생들에게 전혀 도움이 되지 않는다는 사실을 깨닫게 되었다. 지식 전달자가 아니라 따뜻한 사랑을 주고 공감해주면서 아이들 스스로 자신의 미래를 꿈꾸며 만들어갈 수 있는 조력자 역할을 해주려는 마음가짐을 갖게 됐다.

진로교육은 학생들이 스스로 질문하고 스스로 답을 찾아나갈 수 있는 길을 열어줬다. 점차 교과서를 벗어나고 EBS의 〈지식채널〉, '유튜브', '커리어넷', '워크넷' 등의 다양한 자료들을 활용해 수업을 진행했다. 다양한 질문을 통해 학생들의 고정된 사고의 틀을 깨고, 스스럼없이 자신의 생각을 말할 수 있게 하기 위해서 질문을 하고 '포스트잇'에 자신의 이야기를 적어서 자유롭게 발표하는 등 열려 있는 수업을 진행하면서 활기찬 교실 분위기를 만들어나갔다.

중학교 1, 2학년은 자기 이해와 진로탐색을 중심으로 진학상담을 진행했다. 3학년 학생들은 고등학교 유형별 진학 관련 상담이 주로 이루어졌다. 고등학교 진학과 관련해 2018학년도는 놀라운 변화를 가져왔다. 2015년 자유학기제의 혜택을 받은 아이들이 고등학교 진학하는 시기에 특성화 고등학교, 마이스터 고등학교 진학률이 30%를 넘었다. 진로교육은 고등학교 진학의 패러다임을 바꾸어놓았다. 그동안 학급당 1~2명 정도만 특성화 고등학교 진학을 생각했다. 불과 몇 년 전까지만 하더라도 특성화고등학교는 학력이 낮은 아이들이 진학하는 곳으로 인식되어 있었다.

진로교육을 통해 학생들은 고등학교의 다양한 유형을 이해하게 되었고, 자신의 진로목표와 연결해 공부하려는 태도로 변하고 있다. 직업전문인 특강, 미래비전특강, 현장직업체험, 자유학기제 프로그램, 진로행복박람회 등의 다양한 정보 제공과 체험 활동은 아이들과 학부모들이 고등학교를 선택할 때 일반 고등학교에 한정되어 있지 않고 다양한 유형의 고등학교를 살펴보고 선택할 수 있는 기회의 폭이 넓어진 것이다.

최상위권은 특목고, 상위권과 중위권은 일반고, 하위권은 특성화 고등학교라는 인식을 진로교육과 상담, 그리고 학부모 교육을 통해 꿈과 끼를 찾아 떠나는 진학으로 여기는데 커다란 영향을 주었다.

중학교 3학년 진로 수업은 진학에 관련된 사항을 묻고 답하는 형식으로 진행된다. 1학년 때부터 자유학기제를 실시하고 있고, 진로와 직업 수업시간도 3년 동안 3시간이 진행되고 있다. 다양한 학교 유형의 정보와 진로탐색 기회를 제공함으로써 아이들이 스스로 자신의 꿈과 관련되어 있는 진학을 생각하게 되고 3학년에 올라와서 자신의 진로목표와 연결고리를 찾을 수 있는 진로교육의 도움을 받게 된 것이다.

학생들이 진로와 진학을 결정하는 데 가장 큰 영향을 미치는 사람들은 부모님들이다. 매년 학부모 대상으로 진학과 자녀 이해 분야 연수프로그램을 운영한다. 학생들이 다양한 고등학교 유형을 이해하고 대학이 우선이 아니라 꿈을 찾아 특성화 고등학교로 진학하고 싶어 하지만, 부모의 반대로 일반 고등학교로 진학하는 경우가 많다.

자녀와의 갈등을 최소화하고 자녀들이 꿈을 찾아 진학할 수 있도록 부모의 역할이 매우 중요하다. 그래서 매년 다양한 연수프로그램을 학부모들에게 제공하고 있다. 중구 지역에 있는 DG중학교, HY중학교, JC중학교 세 학교 진로교사들이 모여서 연합으로 '내 자녀 이해하기' 프로그램을 운영하기도 했다. 각각의 학교에서 3회기로 진행된 연수는 많은 부모님들의 관심으로 넓은 강당을 꽉 채우는 성황을 이루었다.

연수프로그램은 학부모님들이 희망하는 강좌를 중심으로 편성한다. 연수 진행 후 각각의 피드백을 받아서 다음 연수에 반영하면서 청소년 시기 자녀를 이해하고 가정에서부터 지도할 수 있는 길을 열어주고 있는 것이다.

진로교육 활동 속에서 좀 더 보완이 필요하고 아쉬운 점도 있었다. '내가 하고 있는 이런 프로그램들이 학생들에게 얼마나 효과가 있을까'라는 의문이 들기도 한다. 일부 선생님들은 직업인 특강이나 진로체험 등에 부정적인 생각을 가지고 있었다. 그동안 없었던 프로그램들을 새로 만들어 교육 현장에 적용하다 보니 학교마다 불협화음도 많이 일어나고 있다.

진로교사는 주당 수업 10시간에 8시간 상담하는 것으로 진로 교육법에서 제시되고 있다. 상담은 일반 담임들도 하는데, 주당 수업시간이 일반교과 선생님들보다 적은 것은 동료 교사들의 불만 사항이었다. 내가 근무하는 학교도 초창기 진로교육에 대해 회의적인 반응을 보였다. 3학년 학생들의 한국체대 체험을 인솔하고 오신 두 분의 선생님 피드백이 불만이 많았던 다른 선생님들을 잠재웠다.

"이번 K체육대학교에 민규도 데리고 갈 걸 그랬어요. 민규는 체육 관련 분야에 관심이 많았었는데, 3학년 아이들 모두 K체육대학교에 가서 너무 즐거워하는 모습을 보니 뿌듯했어요."

초창기 진로교육과 체험 활동에 부정적이었던 선생님의 피드백은 다른 선생님들에게도 영향을 줬고, 내가 다양한 진로프로그램을 만드는 데 힘을 실어줬다. 모든 교육의 기본은 학생들에서부터 출발한다는 생각을 하는 것이 중요하다. 학생들이 체험 활동을 하면서 즐거워하고, 하나라도 배우려는 열정이 부정적이던 선생님들의 마음을 긍정적으로 바꾸는 계기가 됐다.

학생들의 욕구는 높은데 그 욕구를 만족시켜주는 직업 체험 장소를 섭외하기가 무척이나 힘들다. 초창기에는 진로교사들이 일일이 전화를 하면서 직업인과 직업 체험 장소를 섭외하느라 수업과 상담보다는 업무에 치여 고생을 많이 했다. 지금은 각 시도 자치단체를 중심으로 진로직업체험센터가 운영되면서 직업 체험 장소를 진로교사가 직접 하는 수고로움은 덜게 되었다. 학생들의 수요 욕구에 맞는 직업 체험 장소에 정부나 기업의 적극적인 지원이 필요하다.

진로교육이 고등학교, 대학교까지 연결이 되어 있지 않다는 것이 또 하나의 문제다. 중학교를 졸업하고 고등학교에 진학하게 되면 학생들은 대학 진학을 위한 공부와 취업을 위한 공부에 시달리게 된다. 초등학교부터 대학교 졸업까지 연결되어지는 진로교육이 체계적으로 이루어질 수 있도록 정부의 일관성 있는 정책이 필요함을 느낀다.

이제 진로교육은 정착단계에 접어들었다. 그동안 실험적인 것들을 운영했다면 앞으로는 학생들에게 실질적으로 도움이 되는 진로교육을 해야겠다는 생각이다. 앞으로의 진로교육 방향을 살펴보면 다음과 같다.

첫째, 진로교육은 진로교사만 하는 것이 아니다. 모든 교과목 선생님들이 교과에 맞는 진로교육을 할 수 있도록 진로지도자료를 제공하고, 일반선생님들도 진로교육에 관심을 갖도록 해야 한다.

둘째, 강의식 수업에서 학생 활동 중심 수업으로 변하고 있다. 교사들끼리 수업 방법 개선동아리를 만들어 각자의 수업 방법을 공유하고 연구 수업 활동을 통해 학생들의 창의적인 지적 능력을 향상시키는 교실로 만드는 것이다.

셋째, 학력 신장에도 힘써야 한다. 읽고, 쓰고, 생각하는 활동은 창의적인 사고 능력을 향상시킨다. 1학년에는 시험을 보지 않다 보니 2학년에 올라가서 학업에 힘들어하는 경우가 있다. 1학년 진로체험이 많지만 스스로 학습을 통해 공부해나갈 수 있는 힘을 키워줘야 한다.

넷째, 독서교육에 힘쓰자. 독서의 중요성은 백 번 말해도 넘치지 않는다. 독서를 통해 자신의 꿈을 만들어가야 한다.

다섯째, 꿈은 그냥 하늘에서 떨어지지 않는다. 학교 진로체험 활동과 동아리 활동 등에 적극적으로 참여하고 활동 속에서 의미를 찾아야 한다. 그냥 활동으로 끝나서는 안 된다. 활동 후 생각을 정리해나가는 것이 중요하다. 꿈은 만들어지는 것이다.

우리나라는 경제적으로 획기적인 발전을 이룩했지만, 노벨상은 받지 못하고 있는 아쉬움이 크다. 초등학교부터 성장단계별 체계적인 수요자 중심 교육을 통해 잠재 능력을 향상시켜주는 진로교육을 통해 많은 인재들이 세상의 중심에서 빛날 수 있기를 바란다.

03

진로체험,
어떻게 할까?

　서울 중구에 있는 J중학교에서 진로와 직업 수업시간에 부모님들의 초·중·고등학교 졸업 현황을 조사한 적이 있었다. 대부분의 부모님들은 중구 관내 학교를 졸업하고 중구, 종로구, 용산구 일대에서 직업 활동을 하고 계셨다. 그러다 보니 자녀와 초중고 동문인 경우가 많다. 즉, 이 지역에서 태어나서 학창시절을 보내고 직업 활동을 하기 위한 삶의 터전도 이 지역인 것이다.

　여름방학이 되면 학생들이 부모 직장을 체험하고 결과보고서를 제출하도록 했다. ND시장에서 액세서리 매장을 운영하는 아이 어머니는 아이와 액세서리 아이디어를 생각해보고 직접 만들어서 판매해보기도 했다. 아빠가 금은방을 운영하는 아이는 아빠 가게에서 손님을 맞이하고 아빠가 하는 일을 직접 경험함으로써 부모의 직업을 이해하게 됐다.

우리는 가끔 가까이에 있는 소중한 것들을 잊고 사는 경우가 많다. 직업 체험이 별다른 건가. 자기 이해를 통해 진로방향을 설정하고 관련 진로체험을 해야 하는 것이 맞겠지만, 가장 가까이 있는 부모의 직업을 체험함으로써 부모를 이해하고 올바른 직업 가치관을 기를 수 있게 하는 것이 더 중요하다.

초등학교를 졸업하고 초등학교보다 좀 더 넓은 세상으로 나온 학생들에게 진로를 먼저 찾아라, 직업을 먼저 선택하라는 식의 진로교육은 올바르지 않다. 변화하는 미래의 직업 세계에 적응하고 변화를 이끌어갈 수 있는 인재로 키워나가기 위해서는 초등학교, 중학교 시절 다양한 진로체험에 참여함으로써 직접 경험해보고 그 경험을 바탕으로 자신의 진로 방향을 설정해나가야 한다.

'백문이 불여일견'이라는 고사성어가 있다. 아주 먼 옛날 중국 전한이라는 나라에 오랑캐가 자주 침범해 백성을 괴롭히자 황제는 조충국 장군에게 오랑캐를 몰아낼 수 있는 방안을 물어보게 된다.

조충국은 "폐하! 백문이 불여일견이라고 했습니다. 백 번 듣는 것보다 한 번 보는 것이 낫지요. 멀리 떨어진 곳에서 방법을 말하는 것은 아무 소용이 없다고 생각됩니다. 저를 오랑캐가 자주 나타난다는 금성군으로 보내주십시오. 그곳을 살펴본 뒤 방법을 말씀드리겠습니다."

황제의 허락을 받은 조충국은 금성군에 직접 가서 그곳 사람들의 말을 듣고, 포로로 잡혀온 오랑캐까지 두루두루 만난 뒤에 돌아왔다.

"그곳에는 말을 타는 기병보다 농사를 지으며 늘 백성들을 지킬 수 있는 병사들을 두는 게 더 나을 것입니다."

황제는 조충국의 말대로 백성을 지킬 수 있는 부대를 두었더니 오랑캐 족이 함부로 쳐들어오지 못했다고 한다. 사람들은 조충국의 지혜로움을 칭찬했고, 이때부터 어떤 일을 판단할 때 '백문이 불여일견'이라는 말을 쓰게 되었다. 여기서 유래한 백문이 불여일견은 어떤 일을 계획하거나 실행에 옮길 때 현장을 한 번도 가보지 않고 책상 앞에서만 계획을 세웠을 때는 실패할 확률이 높다는 의미로 쓰인다.

88

'백문이 불여일견'이라는 고사성어에 관련된 일화가 주는 메시지처럼 진로교육 또한 학교 내에서 배우고 끝나는 것이 아니라 교실에서 배운 내용을 바탕으로 지역사회 내 인적·물적 자원을 활용해서 학생들이 직업 현장에서 다양한 경험을 통해 일의 세계를 이해하고 자신의 진로를 탐색하도록 해야 한다.

진로체험이란, 진로와 직업에 관한 직·간접적 경험을 다양하게 함으로써 학생들이 진로를 선택하고 진로 로드맵을 만들어 갈 수 있게 도움을 주는 활동을 의미한다. 평소 관심이 있고 적성에도 맞아서 직업을 잠정적으로 선택했지만, 실제로 진로체험을 경험했을 때 자신에게 맞지 않는다는 것을 알게 되기도 하고, 전혀 흥미 없는 분야인데 체험을 통해 몰입해서 해볼 자신감이 생길 수도 있기 때문에 진로체험은 매우 중요하다.

진로체험을 시작하기 위해서는 먼저 활동계획서를 작성해야 한다. 인터넷 검색을 통해 진로체험 장소에 대한 정보를 탐색하고 체험 일시, 체험 내용, 체험 시 질문 사항 등을 준비하고 멘토에게 연락을 통해 체험 일시와 장소 등을 사전에 섭외한다.

1학년 아이들은 자유학기를 운영하다 보니 2, 3학년 시험 기간에 진로체험을 진행한다. 학교에서 가까운 글로리아 직업전문학교에서 항공기 정비사 체험을 다녀왔다. 항공기 정비에 필요한 기본 지식과 항공기술과 관련된 과학기술을 배우고 실습이 시작됐다. 항공기 모형도 만들어보고 나사못을 박고 납땜도 하면서 정비기술도 익히는 과정에서 실습을 잘 하지 못하는 친구를 이리저리 다니면서 도와주고 있는 영실이를 발견하게 된다. 강사 선생님도 영실이에게 너무 잘한다고 칭찬 일색이다.

"영실아, 잘하는데 집에서 해봤니?"

"아니에요. 오늘 처음 하는 건데 재미있고 생각보다 쉽게 할 수 있었어요."

"영실이는 기계 관련 분야에 재능이 있나 보다."

체험이 끝난 후 학교에서 영실이의 진로상담을 진행했다. 체험 속에서 자신이 좋아하고 재능을 발견했을 것이라는 내 생각은 완전히 빗나갔다. 영실이는 만들고 땜질하고 정비해야 하는 기계 분야에는 전혀 관심도 없고 그 분야로 가고 싶지 않다고 딱 잘라 말했다.

글로리아 체험장에서의 활동을 보면 손재주도 있고 만드는 재능이 있어 보였지만, 본인은 싫었던 것 같다. 결국, 이 아이는 아직 꿈을 찾지 못한 채 일반 고등학교에 진학하게 된다. 고등학교에 진학해서도 새로운 꿈을 만들어가길 기대해본다.

카메라를 들고 다니면서 사진 찍기를 좋아하고 아동 관련 분야에서 일하고 싶은 기영이는 공부해도 성적이 오르지 않는 아이였다. 고등학교 진학을 앞두고 대학교 진학 준비를 어떻게 해야 할지 고민이 많았었다. 기영이는 내가 수업시간에 한 한마디에 대학교 진학의 목표를 가지게 됐다고 한다.

"성적이 상위권 아니어도 대학교 갈 수 있는 방법은 많아. 예를 들어, 몇 년 전에 봉사 활동 많이 해서 G대학교에 입학한 경우도 있어. 자신이 잘할 수 있는 방법들을 생각하면서 공부하면 누구나 목표를 이룰 수 있지."

기영이는 중학교 3년 동안 봉사상을 받은 아이다. 학력은 낮았지만, 봉사에 관심을 많이 가지고 있고 매년 100시간 이상 봉사를 했던 아이였다. 내가 수업시간에 했던 한마디는 기영이의 꿈을 키우는 계기가 됐다. 일반고에 진학한 기영이는 사진반에 들어가서 동아리 활동도 열심히 했고 봉사 활동도 중학교 때보다 더 많이 하면서 봉사상을 받게 된다.

중학교 졸업 전까지만 해도 대학교 진학을 꿈꾸지도 못했던 기영이는 대학교 아동복지학과에 진학하게 된다. 기영이가 했던 봉사 활동은 주로 어린이집, 고아원 등 어린이 대상으로 하는 봉사 활동이었다. 자신의 적성을 발견하고 그 적성과 재능을 살리기 위해 기영이는 봉사 활동과 체험을 통해서 진로로드맵을 만들어간 것이다.

두 학생의 사례를 보면, 진로체험을 통해서 잘하는 것을 발견했지만, 관심이 없어서 다른 길을 찾으려는 경우도 있고, 처음부터 자신의 진로 방향을 설정하고 성적이 안 되지만 여러 방면으로 찾고 노력해서 자신의 꿈을 만들어가는 경우도 있다.

우리는 건강을 위해 음식을 골고루 섭취하게 된다. 진로체험도 다양한 분야에서 골고루 체험하는 것이 좋다. 기영이처럼 초지일관 아동 관련 일을 하기 위해 준비하는 경우도 있지만, 대부분의 사람들은 자신의 진로 목표를 세워도 중·고등학교 생활을 하면서 변할 수 있는 여지가 많이 있다.

자신이 하고 싶은 체험을 하려면 어떻게 준비해야 할까? 먼저 어떤 직업을 체험할 것인지 선택한 후 일터를 결정해야 한다. 혼자 체험할 수도 있지만, 관심 직업 분야가 유사한 친구들끼리 진로직업체험 계획을 작성하는 것도 좋은 방법이다. 일터는 학교나 교육부에서 운영하는 꿈길 사이트(www.ggoomgil.go.kr)

에서 선택할 수도 있고, 각 자치구에서 운영하는 진로직업체험 센터에서도 체험할 일터를 찾아볼 수 있다.

부모님이나 개인이 직접 체험 장소를 섭외할 수도 있다. 일터를 섭외할 때는 기본예절을 지켜서 장소를 섭외하고 왜 자신이 그 직업을 체험하고 싶은지 구체적으로 말씀드려야 한다. 체험 후에는 직업을 체험하는 과정에서 느낀 점과 새롭게 알게 된 사실들, 그리고 관련 학과와 자격 관련 내용을 정리해둬야 한다. 체험 활동은 수업이기도 하지만 자신의 재능을 파악해보는 기회이기도 하다. 일터에 계신 분들의 업무에 방해가 되지 않는 범위 내에서 안전 수칙을 지키면서 체험에 임해야 한다.

초등학교 시기는 진로인식 단계, 중학교 시기는 진로탐색 시기다. 학교에서 배운 내용을 직업 현장에서 다양한 체험 활동을 통해 성공하는 경험들이 계기가 되어 자신의 꿈을 만들어가는 동기부여가 되는 것이 중요하다. 청소년들은 진로체험 경험과 성공의 만족을 얻기 위해 자신이 좋아하는 분야에만 진로체험을 하기보다는 생각해보지 않았던 새로운 분야에도 관심을 가져보기를 바란다. 폭넓게 다양한 경험을 해보는 것이 앞으로 진로 로드맵을 만들어가는 여정에서 나다운 꿈을 찾을 수 있는 지름길이 되기 때문이다.

꿈을 키우는
1박 2일 진로캠프

중·고등학교 시절 수학여행과 소풍은 유일하게 학교 밖으로 체험 활동을 떠날 수 있는 날이었다. 체험 활동이라기보다는 관광의 목적이 컸었다. 여행이 지금처럼 활성화되지 않은 시기이다 보니 학교에서 가는 소풍과 수학여행이 여행의 전부였다. 중학교 때 수학여행은 경주지역이었고 고등학교 때 수학여행은 설악산이었다.

지금 생각해보면 유적지와 관광지에 대한 설명 없이 담임선생님을 따라 두 줄로 서서 한 바퀴 돌고 버스 타기를 반복했던 것 같다. 밤이면 놀 줄 아는 아이들은 삼삼오오 모여서 고스톱도 치고 인솔교사들 눈을 피해 숙소 탈출을 시도하기도 했다.

교사로서 아이들과 만나서 독서동아리를 운영하면서 밤샘 독서캠프, 문학관 탐방프로그램 등을 운영했다. 밤샘 독서는 1박 2일 동안 책 속에 빠져보자라는 취지에서 시작했다. 금요일 수업을 마치면 독서캠프 신청한 아이들과 학부모들은 도서관으로 모인다. 작가와의 만남도 갖고 부모님과 책을 고르고 같이 앉아서 밤이 늦도록 책도 읽고, 피곤한 사람은 도서관이나 교실 바닥에 침낭을 깔고 잠을 자기도 하면서 독서로 밤을 지새우기도 했다.

도서관과 교실에 마련된 소파에서 아들과 책을 읽는 아버지들의 모습은 평화롭고 따뜻함이 느껴졌다. 직장 일이 바빠서 아이들과 같이 어울릴 수 있는 시간이나 도서관, 서점 등에 같이 갈 수 있는 기회가 없었던 아버지들은 아들과 밤샘 독서를 통해 새로운 기운을 얻고 오랫만에 책에 관한 이야기나 평소 학교생활들에 대해 이야기할 수 있는 기회였다.

하룻밤이 지나고 토요일 오전에는 운동장에서 축구경기도 하면서 밤새 책 읽느라 피곤한 몸에 새로운 기운을 북돋아줬다. 학교 안에서 하룻밤 친구들과 잠을 잔다는 것은 오래도록 기억에 남는 추억이 됐다.

수업시간에 배운 소설이나 평소 읽었던 책의 작가들을 만나는 활동도 많이 했다. 토지 문학관, 태백산맥 문학관, 혼불 문학관, 소나기 황순원 문학관 등을 통해 작가의 세계와 그 시대상을 아이들이 이해할 수 있는 기회를 제공했다. 책보다는 게임기, PC방, 스마트폰에 빠져 있는 아이들에게 책 속에서 즐거움을 찾게

94

했고, 청소년 시기 부모와의 갈등을 해결할 수 있는 통로였다.

경남 통영에 있는 유치환 시인의 청마문학관과 생가를 방문해서 유치환 시인의 문학정신을 배울 수 있었고, 박경리 문학관도 방문해 소설《토지》에 대한 이야기도 나눌 수 있었다. 1박 2일로 진행된 통영 문학 캠프는 그 당시 연구부장이던 국어 선생님의 생생한 작가들과 작품에 대한 해설 속에서 학교에서 배운 내용을 실제 현장에서 복습할 수 있었던 시간이었다.

지금도 기억에 남는 것은 통영 청소년수련원에서 숙박하기 위해 짐을 풀고 밤에 아이들과 통영 바닷가로 나와 충무 김밥을 먹으면서 아이들의 이야기를 들어주며 추억을 만들어준 것이다. 하룻밤 통영에서 지내고 우리는 전남 보성군 벌교에 있는 조정래 작가님의 태백산맥 문학관을 방문했다. 문학관에 들어서면서 아이들이 가장 많이 놀랐던 것은《태백산맥》의 대작을 써 내려갔던 원고지가 수북이 쌓여 있던 장면이다.

내가 도서관 업무를 맡는 동안 매년 진행된 밤샘 독서와 문학 캠프에 참여했던 아이들은 고등학교 진학해서도 독서동아리에서 활동하고 대학까지 진학하는 연결고리가 되는 경우가 많았다. 졸업하고도 찾아오는 도서반 아이들은 후배들을 위해서 충고 어린, 따뜻한 고등학교에 관한 이야기보따리를 풀어놨었다.

진로교사가 된 후에 1학년 부장을 겸직하면서 1학년 수련회는 기존의 극기 체험 활동에서 꿈과 끼를 발산할 수 있는 진로 체험 위주로 계획을 세웠다. 수련회 장소 답사를 다니면서 가장

먼저 체크한 것이 아이들의 안전이고 그다음이 진로 관련 내용
이 체험 행사 속에 포함되어 있는지 확인하는 것이다. 골프 체
험, 두 줄 타기, 출렁다리 건너기, 자아 찾기, 팀별 문제 해결해
발표하기 등을 중심으로 진행되기도 했다. 몸으로 움직이는 극
기 훈련의 성격을 벗어나 도전정신을 갖게 하고, 그 속에서 자
신의 성향을 찾아갈 수 있는 수련회를 진행했다.

그동안 수련회는 학교생활에서 피로해진 몸과 마음을 수양하
고 정신교육 차원에서 많이 진행했었다. 중간고사 끝나고 흐트
러졌던 아이들이 수련회 다녀오면 방학하기 전까지는 학교 활
동에 집중하는 모습을 보이기도 했다. 나는 학년부장을 하면서
아이들이 학교 밖 활동에서는 자연 그대로를 즐길 수 있게 했
다. 학생으로 지켜야 할 것만 지키면 가정을 떠나 친구들끼리 여
행을 왔듯이 즐겁고 행복한 캠프가 되는 것이 옳다고 생각했다.
청소년 시절 수련 활동은 평생 아름다운 기억으로 학생들 뇌리
속에 남아 있을 것이다. 수련회 다녀오면 아이들은 수련장 교관
에 대해서 질문을 많이 한다.

"선생님 수련회 교관 하려면 어떤 준비가 필요해요?"
"교관은 돈을 많이 받나요?"
"저, 교관 되고 싶어요."

남학생들이다 보니 교관들의 행동들이 멋있어 보였던 모양이
다. 학생들에게 다양한 프로그램들을 안내하고 교육시켜주는

교관들의 모습에 자신들도 교관이 되고 싶은 꿈을 꾸게 된 것이다. 진로와 직업 수업시간에 수련회에 대한 느낀 점 소감문과 청소년 활동 교관이 될 수 있는 방법을 서로 찾아보고 발표해보는 체험 후 활동까지 진행했다. 학교 생활이 어수선할 것이라는 예측과는 달리 수련회 다녀온 후 아이들은 더 적극적으로 학교 활동을 하면서 학교 분위기를 이끌어갔다.

학교에서, 또는 주변 학교들과 연합해서 1박 2일 진로 캠프를 운영하는 경우도 있지만, 최근 들어 지자체 기관이나 청소년 수련관, 사설진로체험센터에서 학생들을 모집해 진로캠프를 운영하고 있다. 자유학기 및 진로체험 관련 진로캠프 홍보지가 교무센터에 홍수를 이룬다. 대부분 뜯어보지도 않고 재활용 봉투에 버려진다.

이렇듯 많은 진로캠프 업체 중에서 학생들에게 유용할 업체를 어떻게 선택할 것인가? 고민이 아닐 수 없다. 프로그램 제목만 보고 학생들을 모집해 참여했다가 학생들의 만족을 채워주지 못하면 돈만 날리고 아이들도 불신만 남게 되는 경우도 있다.

어느 공공기관에서 창의융합캠프에 학생을 모집한다는 공문이 와서 학생들 신청을 받아 참여시킨 적이 있었다.

"지난주에 다녀온 창의융합캠프 재미있게 다녀왔니?"
"아니요, 선생님이 주신 안내지 프로그램은 하나도 안 하고 미세먼지에 관해서만 했어요."

순간 무엇이 잘못되었음을 직감했다. 며칠 후 학교운영위원회에서도 이 이야기가 나왔다. 캠프에 다녀온 아이들이 하나같이 홍보지에 있는 프로그램은 하나도 하지 않고 다른 프로그램 하나만 했다는 것이다. 학운위 위원 부모님이 관계기관에 따졌지만, 그 담당자는 운영업체에 책임을 떠넘기기에 바빴다고 한다. 제목만 그럴듯하게 만들어서 학생들과 학부모들을 우롱하는 캠프 프로그램들이 너무 많다.

진로교육 자유학기제 등 체험의 중요성이 부각되면서 우후죽순 생겨나는 것이 진로체험과 캠프 관련 기관들이다. 창의융합 캠프를 주관했던 지자체는 체험기관을 직접 방문하거나 프로그램 운영상황을 파악하지 않고 지역에 있는 초등학교, 중학교 학생들만 모집해서 보냈던 것이다.

진로캠프를 다녀온 후 피드백이 인터넷 게시판에 작성되고 불만 사항들이 학교에 전달되면서 캠프 관련 업체들도 불만들을 최소화하기 위해 매년 학생들이 즐겁게 참여할 수 있는 프로그램들로 업그레이드시키고 있다.

문과, 이과가 고등학교 교육과정에서 사라졌지만, 학생들의 기본 성향은 무시할 수 없다. 올해부터 문과 성향 아이들에게 맞춘 역사문화체험과 이과 성향 아이들을 위한 과학관 체험을 진행했다. 아이들에게 '정말 1박 2일 동안 즐거웠다'라는 소리가 나오고 보람된 캠프라고 할 정도가 되기 위해서는 어떻게 해야 하는지에 관한 고민을 많이 했다.

아이들은 강의형 캠프보다는 만지고, 두드리고, 만들기 등 손과 발을 움직여서 하는 활동을 좋아한다. 숙소와 먹는 것은 기본이고 자유로운 분위기 속에서 친구들과 1박 2일간 자기들만의 추억을 만들 수 있는 공간을 제공하는 것이 중요하다.

꿈을 키우는 진로캠프에서 배우는 것들은 인터넷을 검색하면 나올 수 있는 정보나 지식도 많긴 하겠지만, 지식과 더불어 공동체 속에서의 협업 능력, 대인관계 능력, 창의력 등을 키우고 역량을 강화해나가는 것이 무엇보다 중요하다.

학교에서 진행되는 캠프는 믿을 만하겠지만 외부 기관이 학생들을 모집해서 진행하는 캠프는 차근차근 살펴봐야 한다. 인터넷 검색을 통해 확인할 수도 있고 직접 전화를 걸어 프로그램들이 어떻게 진행되는지 살펴야 한다. 매년 꾸준히 진행되는 캠프인지도 살펴야 한다. 미래를 살아갈 청소년들이 보람된 삶을 누리고 바람직한 사회인으로서 성장할 수 있는 능력을 키워주는 캠프여야 한다. 꿈을 키우는 1박 2일 진로캠프를 통해 인생의 이정표를 세워나갈 수 있는 청소년들이 많아질 수 있기를 간절히 바란다.

"꿈, 희망 날개를 달다!"

"진로(꿈), 직업(job), 재능(끼)-꿈 잡기"

"내 삶을 디자인하다"

"진로야 놀자"

"평화와 미래의 길을 열다"

"미래를 여는 또 하나의 눈"

　전국 시도 교육청 및 자치단체에서 다양하게 진행되고 있는 진로박람회 표어 일부다. 교육청 및 지방자치단체는 학생들에게 꿈과 끼를 키워주고 미래 삶을 준비할 수 있는 길을 열어주기 위해 매년 예산을 투입해 진로박람회를 진행하고 있다. 진로박람회는 청소년들이 자신의 적성, 흥미에 딱 맞는 꿈을 찾고 관심 있는 일자리 체험과 미래유망직업, 고등학교와 대학교 학과를 체험해볼 수 있어 상상 속 꿈의 날개를 펼칠 수 있는 선물 종합세트다.

학교 수업에는 크게 관심이 없고, 축구와 게임에 빠져 있던 장희는 진로박람회에서 자신의 꿈을 키우기 시작했다. 친구들을 따라 장희가 찾아간 첫 체험관은 '진로 탐구관'이다. 여기서 장희는 자신의 성향을 발견하게 된다. 온라인 진로심리검사에서 흥미유형은 현실형과 적성유형은 신체운동 능력이 나타났다. 검사결과지를 들고 진로진학상담 선생님과 상담을 통해 스포츠에 관심이 많고 기계를 조립하고 몸을 활발히 움직이는 활동에 맞는 직업을 찾아보고 직업카드 놀이 속에서 직업의 특징들을 파악하게 된다.

초등학교 때부터 특별히 자신이 좋아하고 잘하는 것을 잘 알지 못했던 장희는 직업카드를 활용해 진행된 진로심리검사와 진로상담에서 자신의 꿈인 스포츠 행정가를 구체적으로 설계하기 시작했다.

두 번째로 찾은 곳은 '진로상담관'이다. 고등학교와 대학교 입시정보와 관심 있는 상급학교 정보를 얻을 수 있는 곳이다. 고등학교와 대학교 입시 전문 선생님들이 상담관으로 참여하고 있다. 장희는 스포츠 행정가가 되기 위해 고등학교와 대학교에서 어떤 공부를 해야 하고 어느 학과로 진학해야 할지 궁금해했다.

"선생님 저는 중학교 2년 동안 공부보다는 게임과 축구에 열광했고 성적도 중하위권인데 스포츠 행정가가 될 수 있을지 고민입니다."

"아직 늦지 않았어. 지금부터 공부하는 습관을 가지면 된단다. 특성화 고등학교에 건강관리과 등 체육 관련 학과에 진학해도 되고, 일반 고등학교에 간 후, 대학교 체육학과에 진학해서 체육 관련 전문적인 공부를 하면 돼. 공부에 몰입하기가 처음에는 힘들겠지만, 목표가 생겼으니 하루에 20~30분씩이라도 책상에 앉아서 독서하는 습관부터 갖도록 하면 공부에 집중할 수 있는 습관을 가질 수 있을 거야."

"스포츠 행정가는 어떤 일을 하는지 구체적으로 알고 싶습니다."

"스포츠 행정가는 스포츠 협회, 즉 축구협회나 야구협회 등에서 사무적인 일을 한단다. 각각 협회별 국내 경기, 전국체육대회, 올림픽, 월드컵 등 준비와 협회 일정관리, 협회 행사, 예산, 회계, 총무, 인사 등의 부서에 배치되어 행정 업무를 담당하지. 각 협회에서 채용공고를 해서 직원을 채용하고, 경쟁률이 매우 높기 때문에 미리미리 준비를 잘해야 한단다."

장희는 스포츠 행정가 직업과 준비 방법을 이해하고, 세 번째 체험 장소인 '진로직업 체험관'으로 이동했다. 진로직업 체험관에서는 자신의 진로직업의 배움터가 될 수 있는 디자인, 공예, 패션, 미용, 과학, 식음료, 의료, 건강, 방송, 대학교 학과 체험, 특성화 고등학교 학과 체험 등 다양한 분야의 직업과 학과 체험을 할 수 있는 공간이다. 장희는 건강관리와 대학교에서 체육 관련 학과를 체험하면서 스포츠 행정가의 직업에 대해 구체적으로 이해하는 시간이 되었다.

마지막 네 번째로 이동한 공간은 '미래 체험관'이다. 미래 직업 세계를 준비하는 사물인터넷 체험, 증강현실체험, 로봇활동 코딩, 드론 체험 등 미래기술을 기반으로 한 미래 직업 트렌드와 유망 직업에 대한 정보습득과 미래 모습을 미리 체험해볼 수 있는 공간이다. 장희는 미래기술 활용이 어느 영역까지 확장 적용될 수 있을지 상상하면서 하나하나 체험에 참여했다. 평소 배움에는 관심 없었던 장희는 이번 진로박람회에서 체험하면서 새로운 것을 배운다는 것이 얼마나 기쁜 일인지 새삼 깨닫게 됐다.

각 시도 교육청 및 지방자치단체에서 시행되고 있는 진로박람회는 평소 의욕도 없고 학교 생활에도 관심 없는 청소년들에게 새로운 꿈의 날개를 펼 수 있는 기회이기도 하다. 많은 청소년들이 하루 6시간의 체험활동 속에서 자신의 성향을 파악하고, 그 파악된 성향과 관련된 직업을 찾아보고 체험도 하고 미래 준비까지 진로로드맵을 준비하는 공간이다. 장희처럼 일목요연하게 계획적으로 진로박람회에 참여하기 위해서는 사전에 준비도 필요하고 박람회 운영 주체도 청소년들이 꿈과 끼를 찾을 수 있는 프로그램들로 세팅되어 있어야 한다.

진로박람회 운영 주체는 행사를 보여주기 위한 정책 홍보의 박람회가 되어서는 안 된다. 1~3일간 진행되는 박람회 기간 동안 초등학생부터 고등학생까지 많은 청소년들이 참여한다. 계획부터 진행과 마무리까지 청소년들의 꿈을 찾는 데 도움을 주려는 의도로 추진되어야 한다. 또한, 많은 예산이 투입되는 행사인 만큼 엉뚱한 곳으로 예산이 쓰이지 않도록 주의해야 한다.

체험에 참여하는 학교에서는 체험 전날 학생들을 모아놓고 구체적인 체험방법과 자신이 좋아하고 관심 있는 분야를 찾아볼 수 있도록 안내하고 안전지도를 철저히 실시해야 한다. 체험이 끝난 후에는 피드백을 받아 학교에서 진행되는 진로상담과 담임과의 상담으로 연계되도록 해야 한다. 일회성으로 끝나 버리면 박람회 기간 동안 가졌던 마음가짐이 흐트러지거나 잊어버릴 수도 있기 때문에 학교에서는 꼭 피드백과 학생들의 박람회 기록을 관리해서 진학과 진로상담 자료로 활용해야 한다.

학생들은 관심 있는 분야를 체험하는 것도 좋지만 크게 관심이 없었던 분야라도 호기심을 가지고 체험해보는 것이 좋다. 관심 없는 분야를 체험해보고 도전해봄으로써 자신의 내면에 숨겨져 있는 끼와 재능을 찾을 수도 있기 때문이다. 진로박람회에 참여하는 날을 학교 하루 쉬는 날로만 생각하지 말고, 자신에게 숨겨진 재능을 찾겠다는 열의가 필요하다. 그래야 진로로드맵을 세울 수 있다.

서울시교육청과 서울 중학교 고등학교 진로진학상담교사협

의회가 공동으로 진행되는 서울 행복 진로박람회는 매년 목요일부터 토요일까지 3일간 진행된다. 최근에는 동대문 디자인 플라자에서 진행되고 있다. 목요일과 금요일은 중·고등학교에서 참여하고 토요일은 학부모와 학생들이 참가하고 있다. 서울 행복진로박람회는 5만 명이 넘는 학생들과 학부모님들이 참여한다. 그렇다 보니 예산 투자 대비 학생들의 만족도는 그리 크지 않다. 체험하기 위해서는 많은 시간을 기다려야 하고, 미리 학교에서 예약했지만, 예약대로 잘되지 않는 경우도 많이 있다.

대규모로 진행되는 캠프는 사람들이 많이 몰릴 수밖에 없다. 올해부터는 나도 전교생이 아닌 1학년 학생들만 참여시켰다. 50% 이상의 학생들은 제대로 된 체험을 하지 못했다고 볼멘소리를 한다. 체험장에 들어가기 전 충분히 사전교육이 이루어졌음에도 학생들이 너무 많다 보니 행사장 입구에 들어서자마자 숨이 막혀왔다고 한다.

진로박람회에서는 해보고 싶은 체험장을 찾기보다는 학생들이 덜 밀리는 곳을 찾아서 체험에 참여해보는 것이 좋다. 행사장 들어가기 전부터 팸플릿에 있는 지도를 보면서 학생들이 많이 몰리는 곳을 피해서 계획을 세우면 많은 체험들을 할 수 있다.

많은 예산과 인력을 투입해서 진로박람회를 진행하는 이유는 학생들에게 또 다른 체험의 기회를 주기 위함이다. 미래의 꿈이 정해진 경우나 아직 꿈을 정하지 못한 친구들도 다양한 곳들을 다니면서 체험에 참여해야 한다. 내 입에 맛있게 느껴지는 음식만 먹고 살 수는 없다. 진로박람회에서도 똑같다. 내가 하고 싶은 체험만 찾고 기다리다가는 아무것도 얻는 것 없이 체험장을 빠져나오게 된다.

　이렇듯 진로박람회는 종합선물세트다. 하루 체험 동안 자기 이해, 직업탐색, 진로탐색, 미래 트렌드 관련 정보와 체험에 참여하는 등의 선물을 받을 수 있기 때문이다. 받은 선물을 어떻게 활용하느냐가 청소년 여러분의 미래를 바꿀 수 있다. 자신의 기대되는 미래를 그리며 적극적으로 관심을 가지고 체험해보자. 부디 종합선물세트 상자에 담겨 있는 보물을 자신의 진로를 도와주는 씨앗으로 잘 활용할 수 있기를 바란다.

슬기로운 자유학기제
사용법

큰 아이는 어려서부터 운동을 좋아했다. 초등학교 때는 중부 관내 학교 간 육상대회에 출전해서 단거리 입상을 하기도 했다. 중학교 진학을 앞두고는 HG중학교 육상부에서 스카우트 제의도 들어왔다. 부모 입장에서는 육상의 불모지나 다름없는 우리나라 현실에서 육상하는 중학교로 보내고 싶지 않아서 거절했다. 운동을 좋아하고 잘했지만, 그래도 대학을 나와야 한다는 생각으로 일반 중, 일반 고등학교로 진학을 시켰다.

고등학교 진학도 유형은 다양하다. 사람의 취향에 맞게 옷을 잘 선택할 수 있는 눈을 가지고 있는 큰 아이를 디자인 고등학교로 보낼까도 생각했었다. 지금처럼 자유학기제를 통해 진로탐색을 미리 해보고 고등학교를 진학했으면 아이의 삶의 방향도 바뀌지 않았을까 생각하게 된다.

그 당시 나 또한 다른 부모와 다를 것이 없었다. 내가 교사이면서도 고등학교의 다른 유형은 쳐다보지도 않고 무조건 일반고로 진학시키려 했다. 큰 아이가 중학교 시절부터 체계적인 진로교육을 받았으면 어땠을까 하는 생각도 해보게 된다. 결국, 첫째 아이와 둘째 아이는 중학교 졸업 후 일반 고등학교를 진학하고 대학교에 입학하게 된다.

민태원 작가의 《청춘예찬》에서는 청춘을 '끓는 피', '희망', '열정', '가능성', '힘' 등 인생의 황금기인 청춘 시기에는 힘차고 활력이 강하며 희망과 기쁨이 넘치는 가장 아름다운 시기라고 예찬하고 있다. 청춘 시기는 무엇이든 할 수 있는 시기이기도 했다. 그러나 사회가 변화면서 점차 청춘 시대는 힘들어지고 있다. 'N포 세대', '계약직', '저임금', '무기력', '아픔', '백수' 요즘 청소년과 젊은 세대를 힘들게 하는 용어들이다. 꿈과 끼를 열정을 가지고 만들어가기보다는 대학 진학을 목표로, 안정적인 취업을 목적으로 입시학원과 공무원 입시학원으로 몰려들고 있는 현실이다.

지금 세상은 변화하고 있다. 사물 인터넷, 클라우드, 빅 데이터, 인공지능, 드론, 3D 프린팅 등 미래기술들을 기반으로 하는 새로운 미래사회로 빨려 들어가고 있다. 이러한 세상의 변화는 주입식, 강의식 교육에서 수요자 중심, 활동 중심의 교실 변화부터 시작해 교육 전반적인 패러다임을 변화시켜 미래사회에 대처할 수 있는 인재의 등장을 희망하고 있다.

교육 패러다임의 변화는 경쟁에 기반한 지식 중심의 진학, 학력 위주의 교육에서 협력과 소통을 강조하는 창의 인성 중심의 교육으로 변화를 요구하고 있고, 지식 주입 위주의 교육에서 삶의 행복을 중요시하기 시작했다. 또한, 지식 중심의 강의식·주입식 중심에서 미래사회가 요구하는 핵심 역량을 키우는 교육으로 시대는 변화를 요구하고 있다.

2018학년도부터 시작된 '2015 교육과정'에서 제시한 핵심역량은 자기관리 역량, 지식정보처리 역량, 창의적 사고 역량, 심미적감성 역량, 의사소통 역량, 공동체 역량이다. 이러한 시대적 변화에 필요한 역량들을 키우기 위해 중학교 1학년을 대상으로 자유학년제 또는 자유학기제가 전국에서 실시되고 있다.

자유학기제는 교육과정과 수업 방법, 그리고 평가방법의 변화다. 배움 중심, 학생 중심, 체험 중심으로 수업 방법이 개선되고 이에 따른 다양한 수업 및 평가계획이 모든 교과에 적용해서 운영되어 새로운 변화를 이끌어내자는 취지다. 학생들의 미래핵심 역량을 길러주고 학생의 흥미와 관심을 고려한 다양한 프로그램을 편성해 학교별로 운영하고 있다.

자유학기 활동은 학생 중심의 다양한 체험 및 활동을 위해서 4개 영역으로 편성하고 있다. 학생의 흥미, 관심사를 반영한 여러 가지 전문 프로그램을 운영하고 있다. 학습동기를 유발하기 위한 주제 선택 활동, 다양하고 내실 있는 예술·체육 교육을 통해 학생들의 소질과 잠재력 계발을 위한 예술 체육 활동, 학생들의 공통된 관심사를 기반으로 학생 자치 활동 활성화 및 특기 적성을 개발하기 위한 동아리 활동, 학생이 적성과 소질을 탐색해 스스로 미래를 설계할 수 있도록 체계적인 진로교육을 하기 위한 진로탐색 활동 영역으로 편성해 학교마다 다양한 자유학기 프로그램을 운영하고 있다.

중간고사, 기말고사 등 4번 보는 시험 기간 중 1학년 아이들은 다양한 분야의 진로체험 활동을 진행하고 있다. 체험 활동은 수요자 중심으로 운영되어야 하는데, 아직 현실적으로는 힘든 상황이다. 진로체험 장소를 섭외하고 아이들이 스스로 선택할 수 있도록 운영하고 있다. 직업체험별 수요조사를 하다 보면 아이들이 관심 있는 곳만 선택하게 되고 그곳으로 몰리는 현상이 발생한다.

올해 처음 시도한 미래자동차학교, 창직반, AR·VR반은 호기심에 아이들이 많이 몰렸었다. 미래자동차학교는 자동차의 기본 원리와 자동차 관련 직업들, 적용되는 미래기술들을 배울 수 있었다. 창직반과 AR·VR반은 스마트폰을 활용한 수업이 진행된다. 학교에 등교하면 핸드폰을 수거했다가 종례시간에 나눠줬는데 수업시간에 스마트폰을 활용할 수 있게 되자 아이들도 좋아하고 수업의 만족도도 높아졌다.

예전에 강세를 보였던 기타반, 댄스반은 아이들이 잘 모이지 않는 성향을 보이고 있다. 자유학기가 시작된 지 오래되지는 않았지만, 아이들의 성향은 매년 새롭게 변화하고 있다. 그렇다면 자유학기를 제대로 즐기기 위해서는 어떻게 해야 할까?

현재 자유학년제를 전면 시행하고 있는 시도 교육청이 있고 2020년부터 전면적으로 모든 중학교에 자유학년제를 실시하는 학교도 있다. 자유학년제로 실시하게 되면 새 학기가 시작되는 3월 초부터 자유학기 프로그램들이 운영된다. 2월 초에 중학교 입학하는 신입생들 등록이 시작되는데, 대부분의 중학교는 이 등록 시기에 자유학기 프로그램에 대한 안내와 1학기에 수업에 참여할 프로그램을 신청받을 신청서를 배부한다. 학교별로 다양하게 프로그램들이 만들어져 있고 자신이 좋아하는 것, 좋아하지는 않지만 해보고 싶은 것 등을 골고루 판단해서 자유학기 프로그램을 선택하면 된다.

자유학년제로 실시하는 학교들은 중학교 1학년 시기에 시험 없이 꿈을 찾고 진로계획을 세울 수 있는 자유학기 수업을 진행한다. 대부분의 학교들은 한 학기 위주로 편성해 운영한다. 학교에서 진로교육이 어떻게 진행되고 있고 자유학기 프로그램들과 교과수업, 평가가 어떻게 이루어지는지 잘 살펴서 준비해야 한다.

중학교 1학년 동안 많은 체험활동이 진행되는데 매번 자신이 관심 있는 분야만 하기보다는 관심은 없지만 자신의 성향과 전혀 다른 분야에서 활동하는 것을 추천해주고 싶다. 오전에는 교과 수업이 이루어지고 오후에는 자유학기 프로그램들이 진행되고 있다. 2지망, 3지망으로 지원한 프로그램이라고 해도 적극적으로 참여해야 한다. 프로그램을 운영하면서 처음에는 자신이 원하지 않았던 프로그램에 배정됐다고 불만을 가지고 있던 학생이 점차 재미를 느끼고 자신의 잠재되어 있던 능력을 발현하는 경우를 많이 봐왔다. 학교에서 주어진 프로그램 속에서 자신의 성향을 파악하고 얼마든지 꿈을 만들어갈 수 있다.

일부 사람들은 자유학기 동안 시험을 보지 않아서 학생들의 학력이 저조할 것이라는 우려를 하고 있다. 그러나 나는 다르게 생각한다. 자녀를 공부 잘하는 아이로 키우기 위해서는 어려서부터 꿈을 가지고 꿈을 이루기 위한 학습활동을 해야 한다.

고등학교 졸업할 때까지 자신이 왜 공부를 해야 하는지 모르는 경우가 많다. 이런 학생들은 공부는 하되 성적은 오르지 않는다. 고등학교 입시 문제로 중학교 1학년 시기에 자유학기를 진행하는 것이 약간 무리는 있겠지만 어려서부터 자신의 꿈과 끼를 찾을 수 있다면 중학교 2학년, 3학년 때 방황하지 않고 스스로 공부할 수 있는 힘이 생기게 된다. 아이들의 꿈을 만들어가고 찾아가는 공부가 되어야 한다. 학교 성적 올리기에만 급급한 공부가 되어서는 안 된다.

1년 동안 실시되는 자유학기제에서 좋아하는 프로그램만 참여하지는 말자. 여러분의 재능은 무궁무진하다. 인간은 살아가면서 3번의 큰 기회가 있다고 한다. 학교생활에서 3번의 큰 기회가 있다면 그 첫 번째 기회가 중학교 자유학기제라고 생각한다. 1년간의 자유학기를 어떻게 참여하고 자신의 것으로 만드느냐가 중요하다. 첫 번째 기회를 잘 살려서 자신의 숨겨진 재능을 발견할 수 있기를 열렬히 응원한다.

기말고사가 끝나면 1~50등까지 명단이 학교 건물 벽면에 공개됐다. 친구가 벽보를 보고 "원배야, 네 이름 명단에 있던데"라며 소리쳤다. 순간 나도 모르게 성취감에 들떴지만, 그런 기분도 잠시뿐이었다. 그때 처음 알았는데 동명이인이 있어서 내가 아니었던 것이다. 초등학교 때 그래도 '공부 좀 했다'라는 소리를 들었는데 중학교 올라와서 전교 50등 안에도 못 들고 마음에 상처가 심했었다. 참고서라 봐야 동아전과, 표준전과가 전부이던 시절, 교과서와 선생님 필기 내용을 달달 외워서 시험을 봐야 하는 상황이었다.

'어떻게 해야 50등 안에 들어갈 수 있을까?'

나름대로 많은 고민을 했었다. 음악 수업 중, 선생님께서 잠들기 전 새벽 4시에 일어나야겠다고 주문을 외우고 잠자리에 들면 새벽 4시 전후로 잠에서 깨어날 수 있다고 하셨다. 아침 시간을 활용해야겠다고 생각한 나는 잠들기 전 3시에 일어나겠다고 주문을 외웠다.

잠에서 깨자마자 불을 켜고 시계를 보니 새벽 3시가 약간 넘어서고 있었다. '아, 선생님이 말씀하신 대로 되는구나'라고 신기한 마음에 매일 새벽 4시에 기상하겠다는 다짐을 하고 그 시간에 공부하기 시작했다. 그동안 성취감을 한 번도 느껴보지 못한 나는 스스로 잠들기 전 주문을 외우고 그 시간에 일어나서 공부한다는 성취감을 처음으로 맛보게 된다. 이러한 습관은 고등학교 입학시험에서 빛을 발하게 된다. SG고등학교에 전교 10등 안으로 입학하게 된 것이다. 작은 습관 하나 바꿨을 뿐인데 성적이 향상된 것이다. 이 습관 덕에 지금도 새벽 4시에 일어나서 책을 읽고 글을 쓰는 나만의 시간을 갖게 되었다.

살아오면서 내가 얻게 된 가장 좋은 습관은 주변에서 좋은 이야기를 듣고 필요하다고 생각되면 즉시 실행에 옮기는 것이다. 할까 말까 고민하다가도 이 순간이 지나면 후회할 것이라는 생각에 일단 저지르고 본다. 그러다 보니 실행력이 매우 뛰어나다는 소리를 많이 듣는다. 내게 잠재된 능력은 무궁무진하다는 사실을 항상 깨닫고 살아가려고 하는 것도 매일 매일 나를 새롭게 태어나게 한다.

우리가 가지고 있는 고정관념, 습관들의 틀을 깨기 위해서는 어떤 노력이 필요할까? 습관적으로 24시간을 살아서는 안 된다. 개교기념일이라 3일간의 연휴 후, 아이들에게 3일 동안 한 일을 시간대별로 적게 했다. 대부분의 아이들은 게임, 축구, 가족 여행, 학원 가기 등 몇 개 안 되는 단어들을 나열하며 자신의 72시간을 기록했다. 새벽 3시까지 게임하고 오후 2시쯤 일어나서 또 게임하는 패턴을 보인 아이도 있었다. 이 아이들은 어려서부터 게임하는 시간을 조절하는 연습이 되어 있지 않은 아이들이다.

학교 공부가 끝나면 습관적으로 컴퓨터나 스마트폰으로 게임을 하는 아이들이 있다. 우선 아이들을 상담하고 부모님을 불러서 게임을 조절하는 방법을 알려드렸다. 늦게 퇴근하고 새벽에 일찍 일을 나가다 보니 아이들이 게임을 밤새도록 하는지도 모르는 부모들도 있다. 아이들이 게임중독에 빠지지 않게 하기 위해서는 가족들이 같이할 수 있는 시간을 많이 만들고, 가족 간의 대화를 통해 아이 스스로 게임 시간을 조절하고 계획을 세우도록 조언했다.

내가 지금까지 살아오면서 신념처럼 간직해온 것이 있다. '준비하는 자에게 반드시 기회가 온다'라는 말이다. 나의 어머니는 매년 설 명절을 전후로 해서 절에 다녀오신다. 가족들의 1년간 건강과 행복을 빌어주시고 지키고 주의해야 할 것도 알아오신다. 어려서부터 내가 가지고 태어난 사주는 매우 좋다고 말씀하셨다. 어려운 일이 닥쳐도 누군가 도와주는 사람이 나타날 것이고 하는 일마다 잘되리라는 말씀이었다.

나는 어려서부터 들었던 내 사주대로 살아온 것 같다. 친구들이나 동료들은 나보고 운이 좋다고 이야기한다. 난 운이 좋은 것이 아니라 평소 준비를 하고 있던 것이다. 교육대학원에 들어가서 교사자격증 취득하라는 말에 서울에 있는 모든 교육대학원의 커리큘럼과 자격증 취득 여부를 알아보고 과감하게 대학원을 다니면서 공부를 하고, 일반사회 2급 정교사 자격증을 취득하게 된다.

진로교육이 활성화된다는 정보를 미리 듣고 진로교사가 되어야겠다고 생각해 부전공 연수를 받고 진로교사로서 활동하게 되었고, 부전공 연수를 받으면서 중학교 진로교사 직무매뉴얼 집필에 참여해보지 않겠느냐는 제안에 흔쾌히 수락했다. 원고를 써본 적이 없던 나에게 매뉴얼 집필은 힘든 작업일 수 있었다. 그러나 난 이 기회를 잡고 싶었다.

중학교 진로교사직무매뉴얼 집필 작업 후 교육청, 교육부 등 진로관련사업에 불려다니는 행운을 얻게 된다. 지금은 교과서 저자로, 책을 집필하는 작가로 활동하고 있다. 이것은 운에만 맡겨서 되는 것이 아니다. 평소 내가 준비하고 있었고 기회가 왔을 때 도전했기 때문이다.

성공은 나에게 그냥 다가오지 않는다. 일상생활 속에서 성공을 습관화하고 작은 것에서 성공하는 기쁨이 쌓이고 쌓여서 성공하는 미래를 만들어갈 수 있다. 부와 명예를 가진 사람들이 하루아침에 성공을 이룬 것이 아니다. 많은 아이들이 '부자가 되고 싶다', '돈을 많이 벌고 싶다', '가수가 되고 싶다'고 미래 목표를 적는다. 성공한 부자든 가수든 한순간에 부와 명예를 가진 것은 아니다.

우리는 현재의 그 사람들만 보고 있는 것이다. 그 사람들이 그 목표를 이루기까지 어떤 역경을 버텨왔는지 알아야 한다. 미래는 하루아침에 이루어지지 않는다. 매일 매일 일기를 쓰듯 메모하고 독서하고 운동하고, 오늘 일을 내일로 미루지 않는 습관들이 성공한 미래를 보장하는 것이다.

다른 사람들과 똑같이 습관적으로 하루하루를 살아서는 미래의 내 모습을 찾기 힘들다. 사고의 전환이 필요하다. 학교 교육활동에 적극적으로 참여하지 않으면서 성공하길 바라지 마라. 자신에게 주어진 일에 항상 최선을 다할 때 꿈은 점점 다가오는 것이다. 과정은 거치지 않고 꼭대기로 바로 올라가는 길은 없다. 하나하나 계단을 밟고 올라가야 정상에 다다를 수 있다. 초등학교, 중학교, 고등학교 생활이 지식만 배우는 곳은 아니다. 미래에 자신이 살아가는 데 필요한 팁을 배우는 공간이기도 하다. 오늘 지금 이 순간에 최선을 다할 때 한 계단씩 오를 때마다 성취감을 느끼게 된다.

능력 있는 사람이 꿈을 만들어가는 것이 아니라 꿈을 가진 사람이 목표를 정하는 것이다. 그 꿈을 이루고자 행동하는 사람들에게 자신이 원하는 삶을 개척해나가는 능력이 생기는 것이다. 아무리 뛰어난 능력을 갖추고 있는 사람이라도 고정관념과 습관의 틀에 갇혀서 시대적 흐름이나 세상의 변화에 적극적으로 대처하지 못하면 결국 도태된 삶을 살게 된다.

　매일 사고의 틀을 깨며 부딪치며 살아갈 것인가, 편안함에 익숙한 삶을 살아갈 것인가. 잘못된 고정관념이나 생산적이지 않은 습관의 틀을 조금씩 깨면서 나아간다면 폰이나 컴퓨터 사양을 정기적으로 업그레이드하는 것처럼 인생 또한 지속적으로 발전하지 않을까?

일본으로 가족 여행을 출발하기 위해 인천국제공항 제2터미널로 향했다. 리무진 버스에서 내려 공항 입국장으로 들어서자 개장한 지 얼마 안 된 제2터미널은 기존 1터미널보다 자동화 시설을 많이 갖추고 있는 것을 볼 수 있었다. 수화물 붙이는 창구는 직원들이 배치되어 있는 것이 아니라 한 곳만 빼고 모두 자동화 시스템으로 운영되고 있다. 사용법을 설명해주는 직원의 말에 따라 어렵지 않게 수화물을 붙일 수 있었다.

큰 아이만 믿고 자유여행을 선택한 이번 여행이 불안했지만, 구글맵 덕분에 처음 가 본 동경 시내를 자유롭게 다닐 수 있었다. 동경 지하철도 티켓 구매박스가 자동화시스템을 갖추고 있었다. 일본어를 하지 못하지만 번역기를 이용해 의사소통도 가능했다. 스마트폰 하나만 있으면 세계 어디든지 자유롭게 다닐 수 있을 것 같은 생각이 들었다.

이번 여행에서 세상이 빠르게 자동화되고 있고 인간이 설 일자리가 줄어들고 있다는 점을 새삼 느끼게 됐다. 기업뿐만 아니라 개개인도 세상의 변화에 대처하고 세상의 흐름을 읽을 줄 아는 능력이 중요하다.

나는 몇 년 전부터 변화하는 세상을 알기 위해 공부하고 있다. 퇴직 후 도보여행 작가, 진로분야의 전문가이자 대중 강연가로의 인생 2막을 준비하기 위해 미래를 준비하는 공부를 하는 것이다.

정년퇴직까지 9년 남은 기간 동안 작가와 동기부여 강연가로, 나만의 전문적인 분야로 지식콘텐츠 1인 기업가가 되기 위해 매년 책을 집필할 계획을 세우고 있다. 연금도 나오는데 왜 피곤하게 사느냐는 주변의 이야기도 있지만, 일에서 자유로워지는 정년 후의 인생만큼은 급변하는 세상을 파도타기를 하듯 누비는 주인공으로 활약하고 싶다.

학교 일에 충실하면서 새벽에 나에게 주어지는 2시간이 내가 몰입해 창작할 수 있는 시간이다. 이 시간 동안 독서를 하거나 읽은 내용을 정리하고 글을 쓰며 비판적 사고 능력 확장에 힘쓰고 있다.

매주 화요일은 미래 관련 책을 읽고 미준사 독서모임에 참여해 발표도 한다. 미래를 어떻게 예측할 것인가에 대해 회원들과 열띤 토론을 하며 변화하는 세상을 배워가고 있다. 퇴직 후 1인 기업가로 새로운 삶을 살기 위해 다양한 활동에 참여하며 역량을 키워나가고 있는 것이다. 세상을 알아야 내 꿈이 보이는 것은 맞지만 세상을 알아가기란 쉽지 않다.

미래를 예측하는 것은 국가정책은 물론이고 기업 경영이나 개인의 삶에도 매우 중요하다. 미래를 볼 수 있는 능력이 있다면 어떨까. 하지만 미래를 내다볼 수 있는 사람은 아무도 없다. 미래변화를 예측해서 시장을 선점하고 경쟁력을 높이는 경우도 있고, 미래 예측을 잘못해서 실패하는 경우도 있다.

세상을 알아간다는 것은 자신의 과거를 살펴보면서 현재를 파악하고, 현재의 삶 속에서 미래 방향을 가늠해볼 수 있는 안목을 갖춰야 한다. 변화에 능동적으로 대처할 수 있는 혜안과 통찰력이 퇴직 후의 나를 1인 기업가로 만들어줄 것이다.

청소년들은 고령 인구의 증가, 저출산으로 인한 인구구조의 변화, 삶의 질 향상을 위한 웰빙 추구, 직업가치관의 변화, 서비스업 발달, 산업구조의 변화, 자동화, 전산화로 인한 IT기술 확산, 인공지능 등장 등의 영향으로 지금과 완전히 다른 세상에서 살아갈 것이다.

교실에서 배우는 지식으로 대학교를 진학하고 취업을 하고 직장에서 업무를 수행하며 평생 먹고살았던 시대는 역사 속으로 사라졌다. 고등학교에서는 문과·이과로 나누어 학생들의 생각과 지식 습득의 한계를 단정 지었던 정책도 2018년부터 없어졌다.

변화에 능동적으로 대처하기 위해서는 교실에서 습득한 지식과 관계를 중심으로 교실 밖에서 다양한 프로그램에 참여하면서 역량을 키워가야 한다. 교실 속에서 배우는 열 가지 이론보다 한 번의 경험이 중요하다. 책상에 앉아서 시험 잘 보기 위한 공부만 하지 말고 세상을 배워나가야 한다. 세상을 배우기 위해서는 다양한 경험을 바탕으로 자신의 이야기를 만들고 세상과 소통해나가야 한다.

1888년 설립되어 100년 이상 무소불위의 성공을 이룩한 '코닥'이라는 회사는 디지털카메라에 밀려 지금은 역사 속으로 사라졌다. 코닥은 카메라와 필름, 사진 인화 등 사진과 관련된 사업을 진행해서 전문 사진사뿐만 아니라 많은 사람이 자주 사용했던 사진과 필름 분야의 세계 최대의 기업이었다.

코닥은 연구 개발에도 투자해서 많은 특허를 갖춰 지난 100년간 가장 이익을 많이 남긴 회사로 성장해왔었다. 코닥의 필름 사업의 발목을 잡은 것은 사진 영상을 디지털화해서 보관하고 공유할 수 있는 기술 혁신인 '디지털카메라'다. 필름 산업으로 오랫동안 영광이 유지될 것으로 생각한 코닥은 디지털카메라가 점차 확산되면서 세계 시장 속에서 빠르게 추락하게 되었다. 코닥이라는 대형 기업도 시대의 흐름을 제대로 읽지 못하고 현실에 안주하다 보니 어느 한순간 올라올 수 없는 낭떠러지로 추락하고 만 것이다.

바라트 아난드의 《콘텐츠의 미래》에서는 성공과 실패의 전파는 콘텐츠의 질이나 어느 개인의 행위보다는 개인들 간의 밀접한 관계에서 더 많이 비롯된다. 사람들에게 서로 의사소통하고 공유할 수 있도록 허락하면 양성 도화선은 엄청난 속도로 효력을 발휘한다고 얘기하고 있다. 우수한 콘텐츠가 중요한 것이 아니라 어떻게 연결시켜나가야 할 것인지가 중요한 시대인 것이다. 시중 서점에 출간되어 있는 많은 미래 관련 책들을 보면 '다양성', '초연결', '융합', '맞춤형', '음성인식과 시각화', '정보의 가치 발견' 등의 키워드를 발견할 수 있다.

나는 진로교사로서의 활동 역량과 독서 활동, 미래 독서 토론 활동들을 SNS에 연결해나가고 있다. 내가 활동하고 있는 영역들을 블로그, 카페, 브런치 글쓰기, 페이스북과 연계해 진로컨설턴트로서 활동 상황을 계속 업데이트시키고 있다.

급변하는 세상 속에서 자신의 꿈을 찾고 발전시켜나가기 위해서는 '지식'보다는 '생각하는 힘'을 키우는 활동이 중요하다. '2015 교육과정'에서는 '생각하는 힘'을 키워주기 위해 비판적 사고 능력, 창의 능력, 의사소통 능력, 협업 능력 등의 역량을 키우기 위해 다양한 수업 방법들이 등장하고 진로교육을 활성화하는 정책들이 학교마다 실시되고 있다.

세상을 알아야 내 꿈이 보인다. 새로운 교육과정 내에서 여러분들은 학교 활동에 적극적으로 참여하면서 내부 세상에서 역량 강화와 연습을 하고, 외부 활동으로 새로운 경험을 하며 세상을 보는 눈을 키우길 바란다.

선생님의 꿈과 목표도 부지런히 현재 진행형으로 나아가고 있다. 어른이 됐다고, 나이를 먹는다고, 은퇴한다고 모든 것이 완성되는 것은 아니기 때문이다. 나는 나의 미래가 기대되는 것처럼 여러분이 펼쳐나갈 눈부신 미래도 기대된다. 세상 밖으로 행군할 여러분을 진로 선생님으로, 좀 더 살아온 인생 선배로 뜨겁게 응원한다.

124

청소년을 위한
진로멘토링
38

chapter

03

내 꿈과 미래를
그리는
진로독서

청소년을 위한 진로멘토링 38

청소년을 위한

진로멘토링

38

꿈의 징검다리
진로독서

책이 귀하던 어린 시절, 이모님이 사다 주신 위인전집 50권이 마루 책장에 꽂혀 있었다. 고등학교를 졸업할 때까지 위인전 50권은 우리 집안의 가보로 전시만 되었을 뿐, 누구 하나 책을 펼치는 것을 보지 못했다. 한 번씩이라도 읽어보았다면 내 삶은 또 다른 길로 가고 있을지도 모른다는 생각을 한다. 40여 년이 지난 지금도 아쉬움으로 내 장기 기억 속에 저장되어 있다. 청소년 시기 읽었던 책은 교과서밖에 없었다. 내 꿈을 찾고 미래를 설계할 기회를 나 스스로 차 버린 꼴이다.

내가 책에 관심을 갖기 시작한 것은 군대에 가서부터다. 양평에서 군 복무를 하면서 대대장 당번병이 휴가를 가면 내가 당번병 역할을 했다. 대대장실 옆 작은방에서 대대장님이 퇴근하면 다음 날 아침까지는 내 세상이다. 소대 내무반으로 올라갈 일도 없이 대대장실 옆방에서 생활했다. 대대장님의 군화와 권

총을 닦으면서 아무도 없는 대대장실을 들락거렸다. 책꽂이에는 군에 관련된 도서와 정비석 님의 소설《손자병법》이 있었다. 소설《손자병법》은 중국의 춘추전국시대를 배경으로 당시 가장 위대한 병법가인 손무가 무장 오자서를 주인공으로 병법서인《손자병법》이 나오기까지의 과정을 아주 흥미진진하게 그려내고 있다.

혼란했던 춘추전국시대의 영웅호걸들과 간악한 악당들, 천하절색의 미녀들과 목숨을 장렬하게 버리며 충성을 다하는 충신들, 주군을 위해 기꺼이 목숨을 바치는 장수부터 일신의 부귀영화를 위해 신의를 헌신짝처럼 저버리는 소인배까지 정말 극과 극을 달리는 온갖 다양한 인간들의 모습을 그려내면서 각자의 꿈과 이상과 목적을 위해 치열하게 싸우는 장면을 보여주고 있다. 당번할 때마다 읽었던 이 책으로 독서에 흥미를 갖게 됐고, 제대 후 중국 고전소설과 역사소설 속으로 빠져들어 갔다.

내성적인 성격과 대인기피증까지 있던 내가 교사가 되었다. 이야기도 잘하지 못하는 성격인 내가 교사가 되었다는 사실은 주변 친구들에게 놀라움을 주는 대사건이다.

"네가 어떻게 교사가 됐니?"
"너 정말 교사 된 거 맞아?"

친구들의 질문은 쏟아졌지만, 난 교사가 되어 있었다. 내가 교사가 되고 가장 먼저 한 것은 독서다. 도덕 교사로서, 사회 교사로서, 역사 교사로서 교과서 내용만 전달하기에는 수업을 이끌어가는 데 부족함을 느끼고 있었다. 친구들 모임에도 밥과 술만 먹고 친구들 이야기를 듣기만 하던 내가 독서를 하기 시작하면서 말문이 트기 시작했다. 상대방 의견에 반박할 수 있는 힘도 생기고, 내 생각을 조리 있게 정리해서 이야기할 수도 있는 상황까지 발전했다. 이렇게 시작된 독서는 매년 많은 책을 구매하게 되고 책 속에서 수업 자료들을 만들며 진로교육 시간에 활용하고 있다.

올해 오랜만에 담임하면서 가장 강조한 것이 '읽고 쓰고 생각하라' 독서의 중요성이다. 학생들뿐만 아니라 학부모님들에게도 가정에서 독서의 중요성과 중학생들에게 맞는 도서를 구매하도록 압력 아닌 압력을 넣는 중이다. 학기 초 가장 먼저 시작한 것이 아침 시간 30분 자습시간에 칼럼 베껴 쓰기부터 했다. 아이들에게 도움이 될 짧은 글을 모아서 코팅해서 아침마다 배부하고 베껴 쓰게 했다. 먼저 읽고 베껴 쓰고 자신의 생각을 정리하도록 했다. 주말에는 독서감상문을 카카오톡으로 보내게 했다. 아이들이 보내오는 독서감상문은 일일이 읽어보고 피드백을 주었다.

'나는 생각이 너무 많아 생각할 만한 이야기들을 주제로 잡은 책을 읽고, 내 생각이 아무리 많아도 내가 중요하다고 생각하는

일, 공부 등을 먼저 해야겠다. 그리고 내 의견부터 말하는 자신 감을 가진 내가 되어야겠다.'

'《아는 동화 모르는 이야기》는 우리가 알고 있는 동화《어린 왕자》,《겨울왕국》등의 줄거리를 다른 등장인물의 관점으로 재 해석하는 책이다. 주인공만 생각하지 말고 여러 관점으로 동화 를 보게 된다면 더 재미있는 이야기, 흥미로운 이야기가 되는 것 같아 신기했다. 나도 나만의 관점이 아닌 새로운 관점으로 세상을 바라보는 것이 어쩌면 새로운 사회가 되지 않을까 하는 생각이 든다.'

'《이솝우화》에 나오는 황금알을 낳는 암탉은 주인이 황금알을 한 번에 꺼내려고 암탉 배를 갈랐다가 결국 다시는 황금알을 낳 지 못한다. 욕심부리지 말고 있는 그대로 만족하며 살아야겠다.'

'《유망직업 미래지도》를 읽으면서 로봇이 사람보다 똑똑하고 완벽하다 보니 점점 일자리도 로봇들이 차지하면서 많은 사람 들의 일자리를 빼앗아가고 줄어들게 하고 있다. 지금 시대도 로 봇이 자주 보이는데, 미래에는 어떨지 궁금하다. 로봇이 완벽하 다고 해서 일자리를 차지하는 것이 좋지 않다고 생각한다.'

매주 보내온 아이들의 독서기록들이다. 반강제적으로 시작된 주말 독서감상문 보내기는 1학년 전체에서 시행하고 있다. 매주 주말만 되면 아이들은 일주일 동안 읽은 책을 생각하고, 주말마다 감상기록을 나에게 보내기 위해 책을 고르는 활동을 하게 된다. 처음에는 숙제이니까 어쩔 수 없이 했던 아이들이 거의 10개월을 진행하다 보니 학년 말에는 습관적으로 활동에 참여하게 된다.

나는 집에서도 성장한 두 아들에게 독서를 강조하고 있다. 18년 전 아파트로 이사하면서 작은방 벽면을 책장으로 꾸미기 시작해서 지금도 아이들 방과 내 서재 방에는 책들이 넘쳐나고 있다. 가정에서나 학교에서나 독서를 강조하는 이유는 하나다. '어린 시절 집 안에 있던 50권의 위인전을 읽었더라면 내가 어떻게 변했을까? 지금보다 더 나은 삶을 살지 않았을까? 교사 말고 다른 직업을 할 수 있지 않았을까?'라는 후회를 지금도 하고 있기 때문이다.

독서는 성장 시기에 맞춰 읽어줘야 한다. 어린 학생들이 스스로 책을 찾아 읽을 거라고 생각하면 커다란 오산이다. 누군가 옆에서 자꾸 독서의 중요성을 이야기해주고 반강제적으로라도 읽게 만들어야 한다.

좋은 책을 읽는다는 것은 꿈의 징검다리를 건너가는 것이다. 책은 올바른 가치관을 형성하게 하고 나는 누구인가에 대한 답을 얻을 수 있고, 공부해야 하는 의미, 직업을 선택하는 기준, 내 성향에 맞는 직업 정보를 탐색할 수도 있고, 내가 무엇을 좋아하고 잘할 수 있는지도 알려주기 때문이다. 또한, 책은 어떻게 이 세상을 슬기롭게 살아가는지 자기주도적인 삶이 무엇인지를 알게 해준다.

인터넷 스마트폰 게임보다 삶의 지혜를 알려주는 독서 습관을 갖게 하자. 하루에 20분만 시간을 내서 독서에 몰입한다면 20년, 30년 후에 자신의 변화된 모습을 만나게 될 것이다. 지나간 시간은 돌아오지 않는다. 지금 40년 전을 후회해봤자 다시 그 시절로 가기 어렵기 때문이다.

미래의 꿈을 그리는 진로 독서에서는 꿈을 펼칠 수 있는 독서, '나는 누구인가'라는 질문에 스스로 답을 찾아볼 수 있는 독서, 자존감, 인성, 사고력, 성공 등 진로와 연결되는 독서에 관해 이야기하고 있다. 청소년 시기에는 목적을 가지고 독서하는 것도 중요하지만, 이 세상에 존재하는 모든 책을 읽어봐야겠다는 커다란 포부를 가지고 독서해야 한다. 독서는 마음의 양식을 넘어 여러분의 꿈을 활짝 열게 해주는 친구이자 멘토이기 때문이다.

134

삶의 주체가 되는
책 읽기

"나는 내 운명의 지배자이며 내 영혼의 선장이다."

영국 시인 윌리엄 어니스트 헨리의 시 〈인터빅스〉 마지막 구절 내용이다. 헨리는 어릴 때 결핵에 걸려 결국에는 한쪽 다리를 잘라야 했는데 오랜 세월 병원에 입원에 있으면서 아픔의 고통을 이겨내고 다시 세상 속에서 뛰어다니며 활기찬 삶을 살고 싶은 마음에서 이 시를 썼다고 한다. 몸은 아프고 괴롭지만, 자신의 마음을 지배하고 있는 의지의 힘이 행복한 생각을 떠오르게 하고 새로운 희망을 만들어갈 수 있다고 굳게 믿은 것이다.

창운이는 3년 내내 전교 1등이다. 지난봄 중간고사 기간에 아이들에게 "곧 시험인데 공부들 해야 하지 않니?" 그런데 아이들 반응은 그리 열정적이지 않았다. "창운이가 1등 할 건데요,

열심히 하지 않아도 성적 나와요." 초등학교 때부터 1등을 했던 창운이를 넘어설 용기조차 없는 것일까? 이 아이들에게 어떤 말을 해줘야 할까? 아이들은 이미 시험 보기 전부터 순위를 정하고 있었다.

에이브러햄 링컨 미국 대통령은 "늘 명심하라, 실패는 중요하지 않다. 중요한 건 당신의 결심, 성공하겠다는 당신의 의지다"라고 했다. 오랜 세월 많은 아이들에게 창운이는 넘어설 수 없는 아이라는 인식이 뇌 속에 정착되면서 넘어서겠다는 의지마저 상실하고 있었다. 어느 한순간에 노력해서 창운이를 넘어 설 수는 없을 것이다. 그러나 중요한 것은 링컨 대통령의 말처럼 성공하겠다는 의지와 실행력에 있다.

페이스북 최고운영책임자인 셰릴 샌드버그는 "경력은 사다리가 아니라 정글짐이다. 어떤 꿈이 다다르기 위한 길은 하나만 있는 것이 아니며 마치 정글짐처럼 모든 경력과 경험들은 어떻게든 얽히고설켜 있다. 그 때문에 당신이 모든 것을 예측하기란 불가능에 가깝고, 직선형 계획에는 오류가 생길 수밖에 없다. 그러니 지나치게 계획에 집착하지 말고 일단 무엇이든 할 수 있는 일을 해보라. 수백 번의 이상적인 생각보다 한 번의 실행이 변화의 시작이다"라고 말하고 있다.

이미 뇌 속에 습관화되어 있는 넘어설 수 없다는 의지를 어떻게 변화시킬 것인가? 때때로 청소년들은 자기 주도적인 삶을 구축해나가기 전에 주변 환경을 의식하고, 다른 사람의 말에 반응하는 모습을 보이는 경우가 있다. 창운이를 넘어설 수 없는 원

136

인은 창운이에게 있는 것이 아니라 자기의 마음속에 있는 것이다. 진정으로 넘어설 용기와 할 수 있다는 의지는 불가능을 가능성으로 바꾸는 자기 주도적인 삶을 살아갈 수 있게 할 것이다.

자기주도적인 삶이란, 평소 생활습관에서부터 만들어갈 수 있다. '한번 해볼게', '난 원래 그래', '내가 할 수 있는 일은 없어', '난 못해', '너 때문에 오늘 하루 슬펐어'라는 말보다는 '꼭 할게', '난 더 잘할 수 있어', '가능한 방법들을 모두 살펴보자', '무슨 방법이 있을 거야', '네가 기분 나쁘다고 나까지 나빠지진 않을 거야'라는 주도적인 말들을 해야 한다. 즉, 부정적인 말보다는 긍정적인 말의 시작이 피해 의식에 빠지지 않고 주도적인 삶을 살아가는 시작이다.

긍정적인 말의 시작은 어떤 상황이 벌어지더라도 새로운 삶을 스스로 만들어갈 수 있다는 힘을 얻게 된다. 즉, '자신의 삶에 책임'을 지고 '할 수 있다'라는 믿음이 생기는 것이다.

가을이 시작되면 고등학교 입시 때문에 많은 중3 아이들이 고민에 빠진다. 중학교 3년 동안 잘 준비해서 고등학교 원서를 작성하는 아이가 있는 반면, 원서 접수 하루 전날까지 방향을 잡지 못하는 경우도 많다. 지금 성적이 좋지 않으니 일반 고등학교에 진학하기에는 겁나고, 그렇다고 아무 재능도 없는 것 같은데 특성화 고등학교에 진학하기도 불안하다.

'친구 따라 강남 가지 마라'라는 말을 입시를 앞둔 아이들에게 자주 한다. 고등학교 진학에 대해 심사숙고하지 않고 친구들 말에 따라 진학을 선택하는 경우도 많다. 특성화 고등학교 기계과로 진학을 한 학생들이 한 학기 지나고 나면 일반 고등학교 교복을 입고 다니는 경우를 길거리에서 많이 본다.

"어떻게 된 거니?"
"기계과 다니다 보니 제 적성에 맞지 않아서 일반 고등학교로 전학했어요."

친구 따라 특성화 고등학교를 선택했다가 다시 일반 고등학교로 전학한 사례다. 매년 학기 초나 학기 말은 일반 고등학교에서 특성화 고등학교로, 특성화 고등학교에서 일반 고등학교로 전학하는 경우가 많다. 그래도 1학년 마치고 전학하는 경우는 괜찮다. 문제는 2학년 1학기까지 마치고 자신의 진학이 잘못됐음을 깨닫는 경우다.

고등학교 2학년부터는 전문교과목을 배우기 때문에 일반 고등학교와 교육과정이 완전히 다르다. 다른 유형의 고등학교로 전학이 불가한 경우다. 위 학생처럼 중도에 전학하게 되는 경우는 중학교 3년 동안 아무 계획 없이 생활하다가 결국 인생 최초의 선택을 친구 따라 한 결과다.

정치학자인 벤저민 바버는 "세상은 강자와 약자, 또는 승자와 패자로 구분되지 않는다. 다만 배우려는 자와 배우지 않으려는 자로 나눌 뿐이다"라고 했다. 중학교 3년 동안 자신의 꿈을 찾기 위해 주어진 상황에 최선을 다하고 성실하게 노력한 것과 주어진 자신의 상황에 최선을 다하지 않은 것의 차이다.

우리에게 필요한 것은 능력보다 배우려는 자세가 중요하다. 천재는 노력하는 자를 이길 수 없다. 어려서부터 일상생활 속에서 스스로 생각하고 선택하려는 연습이 필요하다. 중학교까지 의무교육을 받고 인생에서 가장 중요한 첫 번째 선택이 고등학교 선택이다. 잘못 선택했을 경우 다시 수정해서 자신이 원하는 방향으로 갈 수도 있지만, 처음부터 잘 준비한다면 앞으로 살아가면서 겪어야 하는 수많은 선택 중에 자기 주도적으로 선택하고 그 선택에 대해 책임을 지려고 할 것이다.

인생에 주체적인 삶을 살아가기 위해서는 체계적인 독서 활동이 필요하다. 매 순간 많은 선택지 중에 자기 주도적으로 선택하고 책임감 있는 행동들은 꾸준한 독서 활동을 통해서 자존감을 향상시키고 자신감을 갖는 데 있다. 주체적인 삶을 살아가는 데 필요한 것들이 무엇이 있는지 생각해봐야 한다. 그것은 누가 친절하게 가르쳐주지 않는다. 청소년 여러분들이 스스로 고민하고 독서를 통해 찾아봐야 하는 것들이다.

'인생이라는 차에는 승객도 있고, 운전사들도 필요하다.'

폭스바겐 자동차회사의 광고 문구다. 여러분은 자신의 인생이라는 차에 운전사로 앉아 있을 것인지 아니면 손님 자리인 옆자리에 앉을 것인지 생각해야 한다. 아침에 일어나서 잠들 때까지 일과 속에서도 수많은 선택의 갈림길에 서 있다. 그 많은 선택 중에서 자기 주도적으로 선택하고 책임을 지려는 태도가 자기 자신의 삶을 윤택하게 만드는 것이다.

주변 사람들의 이야기는 조언일 뿐, 내 삶의 주인은 부모님도 친구도 선생님도 아니다. 바로 청소년 여러분들이다. 평소에 하고 싶었는데 용기가 없어서 하지 못한 일들은 세월이 흐르면서 후회하게 된다. 수업 중에 궁금한 것이 있으면 손들고 질문하고, 선택해야 할 일에 고민이 생기면 책을 찾아보면서 부모님에게 조언을 구해 최선의 선택을 해야 한다. 명심하자. 삶의 주체가 되는 책 읽기가 인생을 스스로 개척해나갈 수 있는 힘이 된다는 것을.

140

나를 발견하는
책 읽기

벤저민 프랭클린은 "인생에서 진짜 비극은 천재적인 재능을 타고나지 못한 것이 아니라, 이미 가지고 있는 강점을 제대로 활용하지 못하는 것이다"라고 했다. 나 또한 아들 둘을 키우면서 부모가 중요하게 생각하는 것 위주로 배우게 했던 것 같다.

대학교 1학년을 마치고 군입대를 한 첫째 아이는 군대에서 틈틈이 책을 읽고 독후감을 써서 포상휴가를 자주 나왔다. 부대에서 장병들을 위해 독후감 20편 이상 제출하면 포상휴가를 주는 제도가 있었다. 처음에는 포상휴가 때문에 시작한 독서가 제대하는 날까지 습관화가 됐다.

부대 내 진중문고를 읽고 휴가 나왔다가 복귀할 때 사가거나, 내가 소포로 필요한 책들은 보내줬다. 독서 분야는 경제 관련 도서, 철학서, 인문학 위주의 책들이었다. 책을 읽을수록 생각도 깊어지고 이야기하는 것도 많이 성장한 것 같았다. 책의 소중함을 깨닫고 자신이 제대 후에 나아가야 할 방향과 어떻게 살아야 하는지 깨닫게 됐다고 한다.

제대 후 대학교에 복학해서 1년간 장학금을 받고 다녔다. 장학금은 용돈으로 돌려줬다. 대학교 진학을 위해 고등학교 3년을 공부에 매달렸지만, 자신이 희망하는 대학교에 진학하지 못했었는데 군대에서의 100권 넘은 독서량이 공부의 의미를 찾게 만들고, 삶의 목표가 되면서 지금의 공부는 상승의 시너지 효과를 내고 있다. 결국, 독서는 첫째 아이가 자신을 발견하는 계기가 된 것이다.

상담을 의뢰하는 대부분의 청소년들은 자신의 꿈을 찾지 못하고 있다. 꿈을 어떻게 찾아야 하는지 모르는 경우도 많고, 공부를 왜 해야 하는지 의문을 가지는 경우도 있다.

"할 일은 많고 학교, 숙제, 학원으로 뺑뺑이 돌다 보면 밤 11시는 되어야 집에 갈 수 있어. 내가 왜 이런 생활을 해야 하지?"
"공부를 열심히 해도 성적이 오르지 않아. 나는 무얼 잘 하는지 알 수가 없어 고민이야."
"체험해도 내 강점을 찾을 수 없어."

이러한 고민으로 자신의 강점을 찾지 못하고 방황하는 경우가 많다. 강점을 찾아가는 방법의 하나가 독서다. 꿈을 찾을 수 없다고 하소연하는 청소년들의 대부분은 꿈을 찾으려는 시도조

차 하지 않는 경우가 많다. 자신이 무엇을 잘하는지 관심이 있는지 알기 위해서는 무언가 해봐야 한다. 수업 활동에 앞자리에 앉아서 적극적으로 참여해봐야 좋아하는 과목을 알 수 있고, 진로체험활동과 동아리 활동 속에서도 적극적으로 참여해야 자신의 내면에 숨겨져 있는 강점을 발견할 수 있다.

내가 고등학교와 대학교를 졸업하고 직장 생활을 하면서 가장 고민스러웠던 것이 암기력이었다. 노래 한 곡도 제대로 부르지 못할 정도다. 군대 입대하기 전 노래 한 곡 정도는 알고 가야 한다고 해서 양희은의 〈아침이슬〉만 어렵게 외워서 군 생활 2년 반을 그 노래만 부른 적이 있다. 어려서부터 공상을 많이 했고 무엇을 외우는 데는 자신이 없었다.

시험공부를 열심히 해도 뒤돌아서면 생각이 나지 않는다. 요즘 아이들 말대로 열심히 하는데, 성과는 없었던 것이다. 한 번들은 것도 메모하지 않으면 까먹기 일쑤였다. 교사가 되고 강의 초기에는 수업하기 전날 수십 번의 시연을 하고 수업에 들어갔다. 책을 읽어도 읽는 것으로 끝났었다. 내가 많이 읽었던 책들은 역사 관련 책들이다. 성인이 되고 교사 생활을 하면서 자기계발서를 읽기 시작하고 인문학 관련 책들을 읽으면서 독서는 독서로 끝나는 것이 아니라 책을 통해 나 자신을 변화시킬 수 있다는 믿음을 갖게 됐다.

교과서 내용을 전달만 하려 했던 나는 내가 변하기 위해서는 독서를 해야 한다는 것을 깨달았다. 책을 읽으면서 마음에 와닿는 글귀는 노트에 메모하고 10분이든 30분이든 몰입하는 연습을 했다. 또한, 논설위원들이 작성한 신문 칼럼을 베껴 쓰기를 하면서 뇌의 활성화가 되기 시작했다.

그냥 시간 때우기 식 독서만 했을 경우와 목적을 가지고 독서를 하는 경우는 하늘과 땅 차이의 결과를 가져왔다. 올바른 독서 습관은 인생 45년이 넘어서야 내 강점을 찾기 시작한 것이다.

조선 시대 학자들은 책은 "마음을 다스리고 집안을 일으켜 세우는 근본"이라고 했다. 율곡 이이는 "이 세상에 태어나서 독서를 하지 않는다면 결코 올바른 사람이 될 수 없다"라고 했고, 최한기는 "독서는 사람이 살아가는 동안 평생 해야 할 일이다. 스스로 깨달아 얻으려고 하지 않는다면 비록 보잘것없고 사소한 일일지라도 근거로 삼을 만한 것이 없다", 허균은 "독서는 비록 크게 성취한 것이 없다고 해도 도리어 한 가지 기술이나 재주는 될 수 있으므로 스스로 갈아갈 수 있는 바탕이 되어준다"라며 독서의 중요성을 강조했다.

옛 선현님들의 말씀처럼 독서는 우리가 살아가는 데 기본이 된다. 독서를 통해 뜻을 이해하지 못했다면 반복해서 읽어야 한다. 조선 시대 독서광이었던 김득신은 〈사기〉에 나오는 '백이전'을 무려 1억 1만 3,000번을 읽었다고 한다. 읽고 또 읽어서 글의 참뜻을 마음속에 깊이 새기려 했던 것일 것이다. 한 번 읽고 두 번 다시 보지 않는 독서가 아니라 반복해서 읽고 중요한 문구는 적어보면서 읽는다면 자신을 강하게 만들어갈 것이다.

자신을 강하게 만드는 독서법으로는 글을 읽으면서 생각하

144

고 노트에 옮겨 적고 책에서 얻은 정보를 일상생활에서 실천하는 것이다.

글쓰기에 관심 있는 아이들을 몇 명 모아서 글쓰기 반을 모집했다. 국어 교사도 아닌 진로 교사가 글쓰기 반을 모집한다니 국어 선생님들의 불만 섞인 목소리가 들린다. 그러나 공식적으로 문제를 제기하지는 않았다. 내가 책을 좋아하고 글도 쓰는 것을 다른 선생님들도 알기 때문이다. 짧은 글을 읽게 하고 그것을 노트에 베껴 쓰고 자신의 생각을 정리하고 아이들끼리 토의하도록 했다. 한 학기 동안 하면서 글쓰기 반이 토의·토론반으로 바뀌어 있었다. 짧은 문장이지만 충분히 자신이 생각하고 자기 생각들을 친구들과 토의하면서 또 다른 자신을 발견하는 모습들이었다. 학년이 올라가면서도 계속 읽고 베껴 쓰는 아이들도 있다.

이 활동에 참여했던 동희는 혜화동에서 '마로니에 백일장'에 참석해 상도 받게 했다. 동희는 틈틈이 책을 읽고 글을 쓰면서 변호사의 꿈을 갖게 됐다. 동희가 처음 들어왔을 때는 작가가 꿈이었다. 나와 상담을 하고 글쓰기 반에서 수업을 들으면서 자신의 꿈을 구체화시키고 그 꿈을 이루기 위해 스스로 공부도 하고 있다. 시험 때만 되면 동희는 시험 결과를 카카오톡으로 보내온다. 변호사가 되어 정의사회를 만들고 글을 쓰고 책도 출판하는 변호사가 되고 싶다고 한다.

독서는 내가 어떻게 활용하느냐에 따라 내 자신을 발견하게 되고, 자신의 강점을 찾게 된다. 일회성 독서가 아니라 반복해서 읽고, 중요하거나 관심 있는 문구는 독서 기록 노트에 정리하고, 정리된 내용을 다시 읽으면서 생각하고, 책 속에서 얻은 정보를 일상생활 속에서 실천함으로써 '나는 누구인가?'라는 질문에 스스로 답을 찾을 수 있다.

청소년들에게 당부하고 싶은 말이 있다. 눈에 비치는 모습이 세상의 모든 것이 아니라는 사실이다. 내 앞에 닥친 문제를 어떻게 풀어갈 것인지 생각하고 고민해봐야 한다. 자신에게 주어진 업무에 '나는 충실하게 성실하게 수행하고 있는가' 고민해야 한다. 괜스레 주변 환경을 문제 삼으며 불만만 쏟아내고 있지는 않은가? 자신의 현재 진행형을 살펴야 한다.

청소년 여러분들이 자신의 본 모습을 발견하는 데 도움이 되는 것이 독서다. 유치원 시절, 초등학교 저학년 시기에는 위인전과 그림일기 등 동화 관련 책을 많이 읽었다면 지금 청소년 시기에는 철학, 역사, 문학, 청소년 성장소설, 자기계발서, 미래학 관련 책들을 읽어야 한다.

고등학교 진학과 진로 관련 고민을 해결하기 위해 진로진학 상담도 필요하지만, 위에서 제시한 책들을 읽음으로써 책 속의 주인공들이 자신과 같은 문제를 어떻게 풀어나갔는지 배울 수 있다. 나 자신이 어떤 사람인지, 어느 분야에 재능이 있는지 파악하고 찾을 수 있는 길이 독서에 있다. 이제부터는 목적의식을 가지고 독서에 참여해보자.

146

고등학교나 대학교 진학 시 자기소개서나 면접을 보기 위해 독서하는 것이 아니라 자신의 삶 속에서 행복을 찾는 길을 찾을 수 있는 독서를 하자는 것이다. 행복과 꿈을 찾는 독서를 하기 위해서는 책을 선정하는 자신만의 가치관이 있어야 한다.

학교 선생님들이 제공해주는 청소년 추천도서, 도서관에서 추천해주는 도서들, 부모님이나 선배들에 추천하는 도서 등이 있을 수 있고 출판사별로 청소년들을 위한 추천도서 목록도 분기별로 제공해주는 곳이 있다. 이러한 추천도서들을 분석해서 자신이 나아가고자 하는 방향과 맞는 도서를 구입해서 읽으면 된다. 부디 독서를 통해 온전한 자신을 발견할 수 있는 여러분이 되기를 바란다.

자존감을 높이는
책 읽기

매년 3월 진로수업 첫 시간은 행복에 대해 아이들과 이야기한다. 아이들의 행복지수를 파악해서 진로상담에 활용하기도 한다. 행복지수 10점 만점 중에서 대부분 아이들은 7~8점 또는 10점이 나오는 경우도 있다.

도원이는 첫 번째 행복지수 검사에서 3점이 나왔다. 처음에는 '갓 중학교에 들어와서 친구들과 어울리지 못해서 그럴까?'라고 생각했지만 한 달 후 두 번째 자존감지수 검사에서도 매우 낮은 점수가 나왔다. 다른 친구들과 어울리는 것은 별문제가 보이지 않았다. 활달하지는 않지만, 친구들과 잘 어울리고 수업참여도 적극적으로 잘 하는 친구였다. 도원이를 상담실로 따로 불렀다.

"도원아, 요즘 학교생활과 집에서 생활하면서 힘들거나 어려운 점 있니?"

"아니요, 없어요."

"그럼 수업시간에 행복지수와 자존감지수가 낮게 나온 이야기를 해줄 수 있니?"

"학교에서 친구들과 어울리면서 지내는 것은 좋은데 행복하지는 않아요."

도원이의 행복지수와 자존감지수가 낮은 이유는 가족들의 기대감이 너무 컸기 때문이다. 4살 위인 형은 초등학교 때부터 1등을 차지하는 수재였다. 부모님뿐만 아니라 할머니, 할아버지까지 형에게만 칭찬하고 도원이에게는 형과 비교당하기 일쑤였다고 한다. 그러니 집에만 가면 위축되고 자존감이 낮아질 수밖에 없었던 것이다.

도원이는 진로상담과 점심시간마다 도서관에서 진로 및 자기계발 도서를 읽음으로써 스스로 자존감을 향상시켜갈 수 있었다. 부모님은 담임교사가 상담을 통해 가정에서부터 변화할 수 있도록 안내했다. 결국, 도원이는 중학교 3년을 무사히 마치고 자신이 하고자 하는 꿈을 찾아 고등학교로 진학하게 된다.

겉으로 보기에는 평범해 보이는 아이들도 실상 깊이 들여다보면 자존감이 낮은 경우가 많다. 자존감이 낮은 이유는 친구들 문제도 있겠지만, 가정에서의 부모·형제 간의 관계에서 원인이 발생하는 경우가 많다.

책 읽기를 통해 행복과 자존감을 높이는 방법이 있을까? 대부분의 부모님들과 아이들이 고민하는 문제다.

첫째, 독서를 방해하는 요소를 제거하고 독서할 수 있는 환경으로 만들어야 한다. 두 아들이 중학교, 고등학교에 다니는 동안 텔레비전을 안방으로 빼고 컴퓨터와 책장을 거실에 배치했다. 아이들 방에는 아이들 책장을 넣어줬고 거실 한쪽 벽면 전체에 책장을 배치해 내 책과 아이들이 읽을 책을 넣었다.

그러다 보니 아이들이 컴퓨터 하는 시간과 텔레비전 보는 시간이 줄어들었다. 이 기간 동안 특별한 경우를 빼고는 아이들은 집에서 텔레비전을 보지 않았다. 거실 책장에는 아이들이 즐겨 보는《삼국지》,《초한지》,《그리스 로마 신화》등 만화로 된 책들을 채웠다. 안방에 들어와서 텔레비전을 보기보다는 거실에서 만화책을 보면서 시간을 보냈다.

둘째, 부모도 같이 책을 읽자. 나는 초저녁 잠이 많아서 9시가 넘으면 잠을 잘 때가 많다. 2시간 정도 자다 일어나면 아이들이 학원 갔다가 집에 들어오는 시간이다. 아이들 들어올 때쯤 시간에 맞춰 나는 책상에 앉아서 책을 읽거나 일을 했다. 처음에는 내 필요에 의해서 독서를 했지만, 점차 내가 읽는 모습이 아이들에게 자극이 되겠다는 생각이 들었다. 그래서 두 아이가 고등학교 졸업할 때까지 독서하는 아빠로 인식되도록 일부러라도 독서하는 모습을 보였던 것 같다. 지금도 아이들은 아빠는 책만 읽는 것으로 생각하고 있다.

셋째, 인터넷으로 도서를 구매할 수도 있지만 자녀와 서점에 가서 책을 고르자. 책을 살 때는 아이와 협상을 잘 해야 한다. 부모의 입장에서는 아이에게 도움이 되는 책을 고르고 싶지만, 아이는 자기가 읽고 싶은 책이 있을 것이다. 두 권을 사면서 한 권은 부모가 추천해주는 책으로 사고 한 권은 자녀가 읽고 싶은 책을 사도록 한다.

부모가 일방적으로 책을 선택해서 사주는 것은 아이의 자존감을 낮게 만들고 자신감 부족과 일상생활에서 선택하는 데 어려움을 겪게 된다.

넷째, 아이의 의견을 존중해주자. 책 내용을 강제적으로 말하게 하기보다는 스스로 말할 수 있는 분위기와 대화법을 부모가 익혀야 한다. 매년 서울진로박람회에 상담위원으로 참여했는데, 어느 날 초등학생 아이 손을 잡고 온 부모가 직업카드 상담을 신청해서 마주 앉았다.

아이가 직업카드를 관심 있는 것, 관심 없는 것으로 분류하고 있는데 엄마는 옆에서 "너 그거 싫어하잖아", "너 의사 관심 있지 않니?" 등 아이의 선택에 대해서 일일이 부모 생각을 말하고 있었다. 아이가 잘나가는 전문직에 관심 갖기를 바라는 마음은 이해하지만, 이제 초등학생인데 그렇게까지 아이가 선택하는 데 관여를 해야 하나 생각이 들었다. 책을 고를 때나 독서하는 데도 너무 관여하게 되면 아이들은 불만을 느끼게 되고 더 이상 책을 읽지 않으려고 한다.

다섯째, 독서시간을 정하자. 10분, 20분 몰입해서 독서할 수 있는 시간을 자녀가 스스로 정하게 해야 한다. 처음부터 무리하게 1시간씩 정하게 되면 실행에 옮기기 힘들다. 소설가 공지영은 "마음에도 근육이 있어 처음부터 잘하는 것은 어림도 없지, 하지만 날마다 연습하면 어느 순간 너도 모르게 힘든 역경들을 벌떡 들어 올리는 널 발견하게 될 거야"라고 말했다.

하루에 10분이라도 집중하는 연습을 매일 매일 하다 보면 점차 20분이 되고 30분이 되고 1시간 동안 몰입해서 독서할 수 있는 힘이 생긴다.

여섯째, 롤모델이나 꿈을 찾을 수 있는 도서를 중심으로 읽자. 학교에서 배울 수 없는 것들은 책에서 얻을 수 있다. 독서는 아이들이 진로목표를 세우고 자신의 꿈을 만들어갈 수 있는 힘을 키운다. 자존감이 높아야 자신의 꿈을 설계하고 실행에 옮길 수 있다. 자존감이 높아서 성공한 사람들의 이야기를 통해 자신의 미래 역량을 만들어갈 수 있다.

독서를 통해 충분히 자신의 자존감을 향상시킬 수 있다고 생각한다. 자존감은 자기 자신을 사랑하는 마음이다. 자존감을 향상하는 방법에는 우리 주변에 다양하게 많이 있다. 독서를 통해서도 자신감을 회복하고 긍정적인 마인드를 갖추고 자존감이 높은 사람으로 성장해갈 수 있다.

진민이는 학기 초 의기소침한 아이였다. 질문하면 대답은 잘 하는데 모둠 활동이나 친구들 관계에서 적극적으로 나서지 못 하고 친구의 말 한마디에 쉽게 상처를 받는 모습이었다. 나는 진로교실에 비치되어 있는 책들 중에서 최연소 변호사 손빈희 가 들려주는 이야기 《오기와 끈기로 최고를 꿈꿔라》를 골라서 읽게 했다. 진민이는 1학기 내내 이 책을 들고 다니면서 읽기도 하고 궁금한 것은 나에게 와서 물어보기도 했다. 2학기에 들어 서 진민이는 친구들 앞에서도 수업시간 발표에서도 당당해지기 시작했다. 친구들의 놀림에 당당하게 맞서서 받아치기도 하고 모둠 활동에서도 자신의 생각을 표현할 수 있을 정도로 발전된 모습을 보여줬다.

　　진민이처럼 성장소설과 직업인들의 삶 속에서 자신의 존재감 을 향상시키는 반면, 이러한 책들을 추천해줘도 읽어보려고 하 지 않는 경우도 많이 있다. 책을 통해 자존감을 향상시키고 싶 다면 진민이처럼 선생님이 추천해준 책이나 아니면 성장소설과 자기계발서를 읽고 스스로 자신의 감정을 알아차리고 변화하려 고 노력해야 한다.

　　자존감을 높이기 위해 올바른 독서법을 갖추는 데는 부모의 역할도 중요하다. 지금까지 학부모들을 상담하면서 아쉬웠던 것은 부모의 조급한 마음이 아이의 마음에 상처를 주고 자존감 이 낮은 아이를 만들고 있다는 것이다. 작은 일이라도 아이들이 이루어낸 것에 대해서는 칭찬과 보상이 있어야 한다.

칭찬과 보상은 무한정 하기보다는 원칙이 있어야 한다. 아이들에게 긍정적인 마인드를 갖게 하고 자존감을 높이기 위해서는 부모의 역할과 독서가 가장 중요하다. 하루 24시간 동안 가장 많이 만나고 이야기할 수 있는 사람이 가족이다. 가족 간의 평소 대화 속에서 독서 이야기가 있으면 아이들 성장에 도움이 된다.

아이들은 공부하라는 소리와 독서하라는 소리를 가장 듣기 싫어한다. 아이들이 스스로 얘기하지 않아도 독서할 수 있게 만드는 것이 부모의 역할과 가정의 환경이다. 부모가 독서를 통해 자존감을 향상시킨 경험이 있다면, 자녀 또한 독서를 통해 자존감이 높은 아이로 성장할 것이다.

아이와 소통하며 독서하는 자녀로 키우기 위해서는 자녀의 마음을 읽을 줄 알아야 한다. 일방적인 부모의 소통보다는 서로의 의견을 존중하는 태도가 필요하다. 이러한 가정환경이 자존감 높은 아이로, 자신감이 충만한 아이로 키우게 되는 것이다. 도서 선정은 부모가 추천해줘도 되지만, 자녀가 스스로 자신에게 맞는 도서를 고를 수 있는 기회를 주는 것도 중요하다. 단, 원칙은 정해야 한다. 아이가 고른 도서 내용을 같이 점검해보고 아이 스스로가 성장하는 데 도움이 될지 판단하도록 기회를 줘야 한다. 도서를 선정하는 것부터가 자존감을 향상시키는 첫걸음이기 때문이다.

인성을 키우는
책 읽기

얼마 전 〈미준사 포럼〉에 다녀왔다. 새해 첫 포럼에서는 내가 '대한민국 미래교육' 관련 특강을 진행하고 우리나라 교육에 대한 토의가 진행됐다. 내 강의 주요 내용과 포럼 참가자들의 주요 안건도 인성교육이 바탕이 된 새로운 대한민국 교육의 모습이다.

2014년 12월 인성교육진흥법이 국회를 통과하고 2015년 7월부터 전국 초중고에서 인성교육이 의무화됐다. 세계 국가 어디에서도 찾아볼 수 없는 우리나라에만 있는 법률이다. 인성을 법으로 만들어서 주입식으로 가르치라는 발상 또한 이해할 수 없었다. 인성은 사람이 태어나고 자라면서 부모의 유전과 주변 환경에 따라 변하면서 형성되는 것이다.

인성교육이 법으로 제정되자 인성 관련 도서 수백 종류가 서점에 쏟아져 나왔다. 학교에서 인성교육을 교육과정에 포함시

155

켜서 의무적으로 가르치는 것은 반대하지만, 독서를 통해 한창 사고력이 확장되고 자신의 인격이 형성되어가는 어린 시절과 청소년 시기에는 필요하다고 생각한다.

15년 전 《마음을 열어주는 120가지 지혜》라는 책을 서점에서 구매했다. 책 내용 중에 중국 춘추전국시대 철학자 증자(기원전 505년~기원전435년)와 증자의 아내 이야기가 나온다. 증자의 아내가 시장을 보러 집을 나서자 아들이 따라가겠다고 떼를 쓰며 울어댔다. 그러자 아이를 달래기 위해 이렇게 말했다.

"집 안에 들어가 있거라. 엄마가 시장에 갔다 와서 너에게 집에 있는 돼지를 잡아주마." 증자 아내는 그렇게 아들을 설득해서 달랬다. 그리고 아내가 시장에서 돌아오자 증자가 돼지를 잡으려고 돼지우리를 열고 들어갔다. 그러자 아내는 증자를 말리며 말했다.

"급한 김에 아이에게 거짓말로 약속한 거란 말이에요."

이에 증자는 화를 내며 말했다.

"애들에게 어떻게 거짓말을 할 수 있단 말이오. 아이는 부모를 따라 배우고 부모의 가르침을 듣고 자라오. 지금 당신이 아이를 속이면 그 아이에게 속이는 것을 가르쳐주게 되오! 어머니는 아들을 속이면 아들이 어머니를 믿지 못하게 될 게 아니오. 이건 아이를 가르치는 좋은 교육 방법이 못 되오."

말을 마친 증자는 돼지를 우리에서 끌어내 그 자리에서 잡아

아들에게 먹도록 구워주고 삶아주었다.

증자와 증자 아내와 일화는 자식을 키우고 청소년들을 키우는 나에게는 커다란 감동의 울림을 줬다. '증자와 아내의 이야기'를 통해 부모가 아이에게 어떻게 행동해야 하는지 배우게 된다. 이 이야기를 읽고 나는 술에 취해서 아이들에게 한 약속도 그다음 날 지켜주려 노력했다.

자녀를 키우고 학교에서 청소년들을 만나면서 일시적인 불편함을 넘기기 위해 약속하지 않고 혹시나 말을 했더라도 그 약속은 꼭 지키며 살아오고 있다. 독서는 실천해야 진정으로 내 것이 된다. 좋은 책을 읽는 것은 논리적인 생각을 기르고, 올바른 인성을 형성하게 해주며 일상생활 속에서 어려운 벽에 부딪혔을 때 생활의 도구로 활용할 수 있다.

인성은 마음이 어질고 착하며 됨됨이가 올바른 사람의 성품을 의미한다. 20여 년 전 대가족 제도에서는 자녀들의 인성 교육은 대부분 가정 내에서 이루어졌다. 할머니, 할아버지, 부모님, 그리고 많은 형제들 속에서 사람으로서 지켜야 할 본분을 배우며 자랐다. 산업구조가 변하면서 가족 형태도 변해왔다. 지금은 부모와 자녀로 이루어진 가족 형태를 띠고 있다. 핵가족화가 되고 부모들이 직장 생활을 하면서 점차 자녀에 대한 인성 교육은 학교 기관을 통해 많이 이루어지고 있지만 한계점에 부딪히게 된다.

할머니, 할아버지나 동네 어른들로부터 들었던 이야기들을 지금 자라나는 청소년들은 어디서 들어야 할까? 바로 독서를 통해 해결해야 할 문제들이다. 올바른 독서 습관과 좋은 도서를 선정해서 읽음으로써 자신의 인성을 향상시킬 수 있는 것이다. 위인전은 위인들의 실패와 좌절, 성공을 위한 노력을 살펴봄으로써 자신이 변화하고 가치 있는 사고를 얻는 데 도움이 된다. 자기계발서는 지금까지 살아온 자신의 삶을 되돌아보게 하는 책이다.

철학책을 읽으면서 우리는 왜 살아가야 하는지, 나는 누구인지의 질문에 대한 답을 얻을 수 있다. 좋은 글은 사람들의 고뇌와 성공, 강점과 약점, 착함과 악함을 알려줌으로써 글을 읽고 행동과 환경, 결과를 생각해보게 하기에 우리를 인간다운 인간으로 살아갈 수 있게 만든다.

한국교육개발원은 인성의 핵심 요소를 정직, 성실, 책임, 용기, 배려와 공감, 소통, 나눔, 긍정과 자율이라고 하고 있다. 이러한 요소들을 독서를 통해 배우게 되고 다양한 인물들의 삶을 살펴봄으로써 세상을 변화시키는 바른 인성을 갖출 수 있게 된다.

두 아들이 태어난 후, 산후조리가 끝나고 집에 돌아왔을 때, 나는 서점에서 책을 구매해서 아이들에게 읽어줬다. 주변에서는 "아이가 알아듣지도 못할 텐데 왜 그러냐?"라고 물었지만, 아이들이 태어난 지 얼마 안 돼서 말은 하지 못하지만, 아빠의 책 읽는 소리는 들을 수 있을 거라 생각했다. 아이들이 잠들기 전 읽으면 좋은 책들 위주로 구매해서 따뜻한 이야기를 옆에 누

158

워서 읽어줬다. 작은 아이 때는 큰 아이와 같이 옆에 누워서 읽기도 했다.

20여 년이 넘게 지난 지금, 아이들은 아빠가 책을 읽어줬는지조차 기억이 없다. 기억나지 않는 것이 당연하다. 하지만 신생아 때 들었던 따뜻한 이야기는 아이들 마음속에 깊이 숨겨져 있을 것이라고 믿는다. 내가 심리학을 공부해서 한 행동은 아니었다. 주변 사람들로부터 아이들은 어려서부터 자극을 줘야 한다고 들었기 때문에 어떤 것으로 아이들의 뇌를 자극할까 생각하다가 내린 결론이 잠들기 전 책 읽어주는 것이었다.

지금 두 아이들이 무한 긍정과 자존감 높은, 바른 인성으로 성장한 것이 부모의 유전적 요인도 있었겠지만, 태어나자마자 내가 읽어줬던 독서의 힘이었을 것이라고 믿는다. 이렇게 인성이라는 것은 태어나면서부터 형성시켜줘야 하는 것이다. 그것도 가장 가까이 있는 부모로부터 가장 많은 영향을 받게 된다.

결혼식이나 단체모임, 칠순 잔치 등에 가 보면 예전처럼 어린 아이들이 뛰어다니기보다는 조용히 앉아서 한 곳을 집중하고 있다. 얼마 전에는 테이블에 여러 사람들이 둘러앉아 있고 맞은편에 3살짜리 아이가 조용히 앉아서 밥을 먹는 것이었다. 나는 '오호, 아직 어린 나이인데 조용히 앉아서 식사하네'로 생각했다. 나중에 봤더니 아이 눈높이에 스마트폰이 놓여 있었다. 결국 스마트폰 속 세상이 아이들을 조용하게 만든 것이다.

3살짜리 아이를 사람들 많은 공간에서 조용히 지내게 하려는 방편으로 스마트폰이 등장한 것이다. 동영상이 아이 인성에 영향을 줄 것 같다는 생각을 했다. 주변에 같은 또래의 아이들도 있었는데 모두 하나같이 스마트폰에 정신이 팔려 있었다. 스마트폰보다는 어린아이들이 읽고 볼 수 있는 만화책을 부모들이 가지고 다녔으면 한다. 한참 배우고 성장할 아이들에게 스마트폰 세상보다는 책 속의 그림 속으로 여행을 시켜보는 것이 아이의 인성 교육에 도움이 된다고 본다.

교사 생활 마지막이 될 것 같은 담임을 마치면서 성적표에 개인별 가지고 있는 장단점을 기록해서 배부했다. 친구들 관계에서 욕을 입에 달고 다니는 아이에게 웹툰 만화와 일본 청소년 소설과 애니메이션을 그만 보도록 주문했다. 부모에게도 이번 겨울 방학은 애니메이션과 일본 청소년 소설보다는 아이가 주변 친구들을 배려하고 올바른 언어를 사용할 수 있는 도서를 구매해서 읽도록 했다.

겨울 방학은 중학교 생활에서 인격과 학력을 신장시키는 데 중요한 시기다. 부모가 시간이 없어서 아이들을 돌볼 수 없다면 독서를 통해 올바른 인격을 갖춘 자녀로 성장하도록 해야 한다.

르네 데카르트는 "좋은 책을 읽는 것은 과거 몇 세기의 가장 훌륭한 인물들과 이야기를 나누는 것과 같다"라고 했고, 로마 고대 철학자 키케로는 "책 없는 방은 영혼 없는 육체와 같다"라는 말을 했다. 좋은 책은 심리 질환도 치료할 수 있다. 우울증, 자살 충동 등 잠재되어 있는 심리적 상처들을 인성 관련 도서와 인문학 도서를 통해 치유 가능하다고 한다.

인격을 형성하는 데 도움이 되는 책을 고른다는 것은 쉽지 않다. 서점에 가서 아이 수준에 맞는 책을 고르는 것은 부모의 역할이다. 부모가 골라서 읽어보고 아이에게 읽을 수 있도록 권해야 한다. 여기서 주의할 점은 "너 이 책 읽고 감상문이나 느낀 점 작성해서 엄마 보여줘"라고 요구하지 않는 것이다.

아이는 읽고 싶어졌다가 엄마의 주문하는 말소리에 생각이 굳어지고 읽고 싶지 않게 된다. 자연스럽게 읽을 수 있는 환경을 만들어주는 것이 중요하다. 엄마가 먼저 읽으면서 웃고 재미있어 하는 행동을 보여도 된다. 또한, 읽은 내용 중에 재미있고 즐거웠던 이야기는 아이들에게 살짝 들려준다. "이 내용 정말 재미있지? 나머지 이야기는 네가 읽어봐"라고 한다면 아이는 엄마가 읽은 책에 대해 호기심을 가지고 읽어보려 할 것이다.

인성교육도 법으로 제정했다고 해서 학교에서 의무를 지고 교재를 가지고 교육하기보다는 일상생활 속에서 실용적으로 배우고 익힐 수 있어야 한다. 청소년별로 성향이 다르다. 내가 근무하는 학교 학생 수가 300명 정도 되는데 그 많은 학생들의 개성이 제각각인데 어떻게 똑같은 교육으로 청소년들에게 올바른 인성을 키워주겠다는 것인가. 그렇게 하려는 발상 자체가 잘못되었다고 본다.

심리학자 루돌프 슈타이너는 아동기인 7~14세까지는 합리적인 사고가 불가능하다고 한다. 그래서 가정이나 학교에서는 느낌, 감정, 상상력을 자유롭게 펼칠 수 있는 환경을 만들어줘야 한다고 이야기한다. 모든 청소년에게 하나의 주제를 가지고 인성교육을 할 수 있는 최고의 방법은 인성 관련 독서를 하는 것이다. 같은 내용을 읽어도 아이들 성향에 따라 감정에 따라, 다르게 받아들이고 자신과 연결시키기 때문이다.

느낌, 감정, 상상력을 자유롭게 펼치고 바른 인성을 갖춘 성인으로 성장하게 하는 것이 인성 관련 독서 활동이다. 한두 권의 책 읽기가 아니라 매일 꾸준하게 일정한 시간을 가지고 읽는 것이 중요하다. 건강한 정신을 구축하고 남을 이롭게 하는 것, 즉 급변하는 사회 속에서 좋은 인성을 갖춘다는 것은 인간다움을 나타내면서도 세상을 단단하게 살아갈 수 있게 하는 가장 강력한 스펙이지 않을까?

06

사고력을 키우는
책 읽기

　고등학교 졸업하고 30년 만에 담임선생님을 찾았다. 가까이 연락되는 친구들을 모아서 충무로 식당에서 담임선생님을 모시고 식사를 했다. 남녀공학이었지만 여학생이 적어서 한 개 반만 남녀합반으로 운영되던 시절이었다. 졸업하고 30년 만에 얼굴 본 친구들도 서너 명 참석했다. 서로 반갑게 인사를 하고 옛 학창시절 이야기로 꽃을 피웠다.

　여자 동창이 "네가 교사를 한다고 처음 들었을 때 놀랐었어. 어떻게 네가 선생님을 할 수 있지"라며 내가 교사가 된 것에 대해 궁금해했다. 고등학교 졸업하고 30년 만에 만난 동창들 눈에는 내 모습이 고등학교 때의 모습 그대로 남아 있기 때문일 것이다.

　고등학교 시절 옆자리에 앉아 가장 많이 대화했다고 생각하는 여자 동창 또한 지금의 나에 대한 기억이 하나도 없다고 한다. 그만큼 나는 60명이 넘는 학급에서 별 존재가 없는 아이였다. 그런데 30년 후 만나 보니 청소년들을 가르치고 있는 교사가 되었다니 놀랄 수밖에 없었을 것이다. 담임선생님께서는 내 소식을 가끔 전해드렸기 때문에 그리 놀라시지 않았지만, 여동창생들은 내 변화에 굉장히 놀라워했다.

지금 생각해보면 생각하는 힘이 많이 부족했던 학창시절이었다. 생각하는 힘이 부족하다 보니 노력하는 만큼 성적도 향상되지 않고 제자리에 머물러 있을 수밖에 없었던 것 같다. 나를 변화시킨 것은 꾸준한 독서에 있다. 책을 읽고 논설위원들이 쓴 칼럼을 읽고 베껴 쓰고 생각하는 노력이 지금에 와서 생각할 수 있고, 내 생각을 여러 사람 앞에 이야기할 수 있는 단계까지 온 것이다.

학창시절 공상을 많이 했다면 지금은 독서를 통해 그 공상들을 체계화시키고 시각화해서 실생활에 활용하려 하고 있다. 독서를 하면서 주어진 대로 사는 것이 아니라 내 삶을 주도적으로 개척해나가려는 힘이 생겼다.

사고력을 키워야 한다고 할 때 '사고'는 꿈, 느낌, 기억, 회상 등을 의미하지는 않는다. 모어는 "창의적 사고와 비판적 사고를 모두 포괄해야 하며, 이들은 궁극적으로 합리적인 문제해결을 위한 불가결한 고등정신"이라 정의했다.

루지에르는 "효율적으로 문제를 해결해나가기 위한 의식적 정신과정"으로 정의하고 있다. 즉 사고력은 자신감, 자존감, 자기주장하기, 관찰하는 능력, 추론을 통해 차이점과 공통점 찾기, 규칙파악 능력, 표현 능력을 의미한다고 할 수 있다.

내 생각을 표현하기 힘들었는데 교사를 하고 여러 사람과 만나는 횟수가 많아지면서 나도 다른 사람들처럼 이야기를 잘했으면 하는 생각이 들었다. 모임 때마다 듣기만 하지, 내 생각을 조리 있게 이야기하는 것이 나에게는 어려운 문제였다. 말 잘하는 사람들 보면 부러울 정도였다. '저 사람은 어떻게 말을 재미있게 잘할 수 있는 거지' 나는 흉내를 내고 싶어도 낼 수 없었다.

직장 내에서도 교육 관련 업무 관련 이야기만 하고, 다른 주제의 이야기는 하기가 겁이 났다. 그러다 보니 어느 순간부터 나는 할 말만 하는 사람이 되어 있었다. 내가 생각하고 있는 것을 자유자재로 말할 수 있게 하기 위해서는 무언가 특단의 조치가 필요했다. 책을 읽어도 뒤돌아서면 어떤 내용인지 기억이 나질 않는다. 이걸 어떻게 고쳐야 할까?

책을 읽으면서 중요한 문구나 기억에 남기고 싶은 문구는 노트에 정리하기 시작했다. 책의 내용을 인용해서 이야기하는 것이 아니라 책 내용의 문구로 사례를 들어 현 상황을 설명하는 식으로 이야기를 이끌어보기 시작했다. 수업시간 주제에 맞는 사례들도 모아서 아이들에게 설명해주기 시작했다. 점차 내 이야기를 하나둘씩 하는 단계까지 발전하게 된 것이다.

내가 획기적으로 내 생각을 조리 있게 말할 수 있는 사람이 될 수 있었던 계기는 진로교사가 되어 중구 지역 학부모님들 대상으로 '내 자녀 이해하기'라는 주제로 중구 지역 진로교사들과 돌아가면서 강의를 시작하면서부터다. 학부모 대상 강의자료를 만들기 위해 내가 읽은 책은 《청소년 감정코칭》, 《공부상처》, 《흥하는 말씨 망하는 말투》였다. 청소년 시기 자녀를 이해하기 위한 부모의 역할에 대해 학교 현장에서의 사례를 중심으로 강의를 했다.

학교 수업뿐만 아니라 외부 강연과 교내에서 학부모 대상 강연을 하게 되면서 독서량이 급격하게 상승하기 시작했다. 목적이 있는 독서를 하게 되면서 내 생각을 조리 있게, 그리고 선현들의 말씀을 재구성해서 표현하는 능력이 향상되기 시작했다. 요즘 나는 학교에서 아이디어맨으로 통한다. 목적을 가지고 시작한 독서는 나 자신을 창의적인 사고력을 갖춘 사람으로 변하게 했다.

강연 시작 첫 마디는 "제 성격이 외향적인지, 내성적인지 맞춰보시겠습니까?"라고 질문을 한다. 대부분의 학부모님들은 외향적인 성격일 것이라고 말을 한다. "저는 내성적인 아이였습니다. 청소년 시절 학교 내에서나 친구들 사이에서 존재감 없던 아이였습니다. 제 성격은 아직도 내성적입니다. 단지 제가 말을 많이 하고 지금 이 단상에서 강의할 수 있는 힘은 부단한 독서의 힘입니다"라고 말하면 대부분 부모님들은 놀란다.

담임을 하면서 친구들보다 학습 능력이 떨어지는 아이들을 아침 30분 일찍 등교하게 해서 개별지도를 해보기도 했다. 하루에 3~4시간, 주말에는 10시간 가까이 게임에만 몰두하며 생활하던 아이들을 독서를 통해 생각하는 힘을 키워줘야겠다고 생각했다. 읽기 쉬운 책을 골라서 읽게 하고 읽은 내용을 자신의 언어로 이야기하도록 했다.

처음에는 생각나는 단어들 중심으로 말하게 하고, 같은 내용을 2~3번 더 읽게 한 후에는 내용 요약뿐만 아니라 자신의 생각까지 3분 스피치를 하도록 훈련시켰다. 짧은 기간의 훈련이었지만 자신들이 왜 독서를 해야 하는지 독서를 통해 얻을 수 있는 것이 무엇인지 알 수 있는 계기가 됐다. 이 아이들뿐만 아니라 대부분의 아이들은 생각하지 않고 질문에 답을 한다.

정은상 맥아더스쿨 교장선생님은 "중학생 대상으로 창직 수업을 하다 보니 생각하기를 힘들어하는 아이들이 있고, 생각 자체를 하지 않으려고 한다"라고 했다. 본교에 오셔서 1년간 1학년 학생들을 대상으로 창직 수업을 하면서 느낀 점을 표현해주셨다.

맞는 말씀이다. 게임에만 몰두하는 아이들이 늘어나면서 생각 자체를 하지 않으려는 청소년들이 늘어나고 있다. 아이들이 많이 하는 답변은 "몰라요", "그냥요", "생각하려면 머리 아파요" 등이다. 사실 정말 어떻게 표현해야 할지 몰라서 대답을 못 하는 경우도 있을 수 있다. 이 아이들에게는 생각하는 방법을 가르쳐줘야 한다.

수업시간에 교사의 질문에 머릿속에서는 답을 아는데, 말로 어떻게 표현해야 할지 몰라서 답변을 우물쭈물하는 학생들도 많이 있다. 어려서부터 생각을 이야기하는 연습이 안 되어 있기 때문이다. 이런 학생들을 위해서 독서 교육이 필요한 것이다. 사고력을 향상시킬 수 있는 독서 교육이 어려서부터 체계적으로 이루어져야 한다.

책을 읽고 생각하고 그것을 실생활에서 어떻게 적용할 것인가, 그리고 자신의 생각을 어떻게 조리 있게 표현할 것인가 부단한 연습과 노력이 필요하다. 누군가가 시키는 대로 행동하는 것이 아니라 비판적인 시각을 가지고 살아가는 능력을 키우고 협업 능력, 문제를 해결하는 능력을 키우는 데는 독서만 한 것이 없다.

책을 읽고 그냥 덮어두지 말자. 읽으면서 정리하는 습관을 갖자. 왜냐하면, 인간의 뇌는 저장하는 데 한계가 있기 때문이다. 항상 메모장이나 노트 아니면 블로그 활동을 통해 좋아하는 문구를 적고 문구에 대한 자신의 생각을 적는 연습을 해보자. 책의 내용을 뒤집어서 작성해보는 것도 사고력 향상에 도움이 된다.

오늘부터라도 시간 때우기 식 독서가 아니라 사고력을 확장시키고 뇌의 근육을 강화시키는 독서를 해보면 어떨까? 사고가 확장되는 순간 더 큰 세상이 열릴 여러분의 미래가 기대된다.

168

성공의식을 높이는
책 읽기

"똑똑, 선생님 들어가도 돼요?"

"들어와라. 방울이구나, 이리로 앉아."

"선생님, 제가 초등학교 때부터 의사 관련 드라마를 보면서 의사에 대해 관심을 갖기 시작했어요. 그래서 막연하게 의사의 꿈을 가지고 공부를 열심히 했는데 중학교 올라와서 직업체험으로 의사 체험을 하면서 의사가 되겠다는 꿈을 구체적으로 갖게 됐어요. 의사가 되려면 중학교 성적은 어느 정도여야 의대에 진학할 수 있는지 궁금합니다."

"의사는 공부도 많이 해야 되고 특히 영어와 과학, 수학 과목에서 뛰어나야 해. 매년 실시되는 대학교 입시에서 가장 최상위권 성적을 갖춘 학생들이 의대에 진학하고 있어. 중학교 교과 성적은 대학교 진학에 아무런 영향을 주지는 않지만, 스스로 학습할 수 있는 능력과 독서 능력을 키우면서 공부해나가야 한다."

"선생님, 고등학교 진학해서는 내신관리와 수능고사 준비를 어떻게 준비해야 하는지 궁금합니다."

"대학수학능력고사에서 만점을 받은 학생들 인터뷰를 보면 스스로 공부하는 시간을 많이 가졌다고 해. 고등학교는 내신관리도 중요하고 수능고사 준비도 중요하지. 고등학교 1학년 때부터 체계적인 학습 계획을 세워서 학교에서 진행되는 교과학습 활동과 창의적 체험 활동에 적극적으로 참여하는 자세가 중요해. 또한 '공부의 신'들이 자신들의 경험을 쓴 도서를 구매해서 읽다 보면 그들이 어떻게 학창시절에 학습활동을 했는지 알 수 있단다. 각자의 이야기는 다르겠지만 선배들의 공부하는 모습을 독서를 통해서 방울이 성향에 맞는 학습 방법을 선택하면 되는 거야."

방울이는 의사에 대해 궁금한 것을 상담하고 일주일 후에 다시 상담실을 찾아왔다.

"선생님 지난주 상담에서 독서의 중요성에 대해 말씀해주셨는데 의사 관련 도서를 추천해주세요. 전 찾을 수가 없어요."

"우리 학교에도 의사 관련 도서들이 많이 있어. 우선 《의사가 말하는 의사》, 《청년의사 장기려》를 우선 학교 도서관에서 빌려서 읽어봐. 《의사가 말하는 의사》는 26명의 의사가 청소년들이 의사 직업을 이해하기 쉽도록 구성하고 의사 세계를 아주 자세하게 이야기하고 있어, 청년의사 장기려는 우리나라의 슈바이처라고 불리는 분이다. 의료보험 체계를 만드신 분이고 항상 어려운 사람들을 위해 의술을 베푸신 분이지. 이 책을 읽으면 의

사란 어떤 사명감과 책임감을 가지고 환자를 바라보고 치료해야 하는지 알 수 있다."

방울이는 세 번을 더 상담실을 방문해서 의사의 꿈을 이루기 위한 준비를 시작했다. '성공'이라는 목표를 위해 모든 사람이 힘차게 달려간다. 그렇지만 어떻게 목표에 도달해야 할지 모르는 경우가 대부분이다. 성공하는 마음가짐을 갖기 위해서는 방울이처럼 자신이 상담을 통해서 찾을 수도 있고, 의사 관련 직업인들의 이야기를 통해서도 준비해나갈 수 있다.

수련이는 중학교 입학 할 당시 무기력해 보였다. 수업시간에 발표력도 떨어지고 활기찬 모습이 보이지 않았다. 그런데 상담을 진행하면서 컴퓨터 게임을 할 때는 매우 활기차게 친구들과 대화하면서 게임에 몰입한다는 사실을 알게 됐다. 학교에 와서 학습 활동에 체험 활동에 무기력했던 것은 게임에만 몰두해 있었기 때문인 것 같다.

"수련아, 선생님이 책 한 권 빌려줄 테니 읽어볼래?"

책 읽기를 무척이나 싫어했던 수련이는 여러 번 설득과 엄마와의 상담을 통해 집에서 게임을 줄이고 10여 분이라도 책을 읽기 시작했다. 《오기와 끈기로 최고를 꿈꿔라》, 《톰 소여의 모험》을 한 학기 동안 읽혔다. 최연소 변호사 손빈희는 《오기와 끈기로 최고를 꿈꿔라》에서 독서가 최고의 공부이고, 독서가 성공의 길이라고 밝히고 있다.

손빈희는 책을 읽으면서 사색과 독후감 쓰기 활동을 통해 공부하는 힘을 기르고 성공의 길을 닦아나갈 수 있다고 했다. 수련이는 위의 두 권의 책을 읽고 계속된 상담과 엄마의 집에서 체계적인 관리로 학교생활에 변화를 가져오기 시작했다.

"선생님, 수련이가 수업시간에 예전보다 활기차고 발표도 잘해요."

"요즘 수련이는 친구들과 어울리기도 좋아하고 공부하려는 의지도 많이 생긴 것 같아요."

점심시간 다른 과목 선생님들이 하는 얘기들이다. 1학기 초 무기력했던 수련이는 학교생활에 적응한 탓도 있지만, 게임 속에서 빠져나오고 집에서 공부하는 시간과 독서하는 시간을 별도로 정해서 부모님 지도하에 실행에 옮기면서 변화를 가져왔고, 책 속에서의 메시지가 학교생활에 용기를 주게 된다.

한두 권의 책이 성공의 길과 사람을 변화시키지는 않는다. 그러나 수련이처럼 어린 시절에는 좋은 책 한 권이 자신의 모습을 뒤돌아보게 하고 공부할 수 있는 힘을 준다. 그리고 게임보다 더 재미있는 유익한 채널이 있다는 사실을 알게 되는 것 같다. 중학교 1학년, 아직 어린 나이이다. 부모님이나 학교에서 아이들에게 희망과 꿈을 심어줄 수 있는 책을 계속 발굴하고 안내해야 한다.

172

청소년들이 성공의식을 키우는 데 필요한 책들은 어떤 것들이 있을까?

"선생님, 집에 책이 없어요."
"선생님, 어떤 책을 읽어야 해요? 책은 어디서 찾아요?"

학기 초 독서를 시키면서 아이들의 질문이 쏟아진다. 우선 진로교실에 비치되어 있는 책을 빌려서 읽게 했다. 대부분의 가정에는 책이 비치되어 있지 않은 경우도 많고 초등학교 저학년 때 읽은 책들이 전부인 경우가 많았다. 자녀가 성공의식을 키우기 위해 독서를 시키고 싶다면 우선 서점에 같이 가고 도서관에 가서 좋은 책을 같이 골라야 한다.

집 안에 책이 있으면 아이들은 말을 안 해도 책에 손이 가게 된다. 청소년들이 성공의식을 키우는 데 필요한 책을 찾기 위해서는 주변 환경이 갖춰져 있어야 한다. 자기계발서, 역사, 문학, 청소년 성장소설 등을 읽고 부정적이던 마음이 긍정적으로 변하고 장래 꿈도 생기면서 그 꿈을 이루고자 하는 성공의식이 마음 깊은 곳에서부터 자라게 된다.

성공한 사람들도 여러분들처럼 고민하고 갈등을 겪으면서 청소년 시기를 보냈다. 이 사람들이 성공할 수 있었던 것은 청소년 시절부터 긍정적이고 자신의 꿈을 이루려는 성공의식이 마음 깊은 곳에서부터 자라고 있었기 때문이다. 책 속에서 자신감을 가지고 세상 속에서 자신을 표출할 수 있는 성공의식을 찾도록 해보자.

08

진로와 연결하는
책 읽기

"선생님, 전 아직 진로가 없습니다. 초등학교 때는 공부를 열심히 했지만, 중학교 올라와서는 내가 뭘 할지 몰라 슬럼프에 빠져 있어요. 좋아하는 것도 없고, 잘하는 것이 뭔지도 모르겠고, 취미도 없고 내가 하는 일이라곤 스마트폰으로 유튜브 영상이나 웹툰 만화를 보면서 쓸데없이 하루를 보내고 있어요. 이제부터라도 진로를 찾고 싶어요."

상담을 신청한 백호는 중학교 1학년이 되면서 장래 꿈도 사라지고 어느 순간부터 공부보다는 스마트폰 영상이나 만화를 보는 데 시간을 보내는 자신의 모습이 한심하다는 생각을 했다고 한다.

"걱정하지 않아도 돼. 지금부터 백호가 꿈꾸는 세상을 만들면 되는 거야. 우선 네가 자주 보고 있는 유튜브 영상과 웹툰 만화를 가지고 얘기해줄게. 영상을 보면서 유튜브 영상은 어떻게 만들어지는지 생각해봤니? 어떤 영상이 재미있을까? 재미있는 영상과 재미없는 영상의 차이점은 무엇이지? 웹툰을 보면서는 한 번 나도 그려볼까 생각해봐. 그리고 직접 그려보는 거야.”

유튜브 영상과 웹툰 만화를 그리기 위해서는 어떻게 해야 할까? 강의를 듣는 방법도 있지만, 영상과 만화 관련 책을 구입해서 읽으면서 배우는 경우도 있다. 지금은 관심 없는 분야이지만 평소 즐기는 것들을 잘 살펴보고 분석하려는 시작부터 내 진로를 만들어가는 것이다. 공부는 학교에서 배우는 교과서를 넘어서 관심 있는 분야의 독서를 통해 스스로 알아가면 된다.

유튜브 영상을 보면서《유튜브의 신》을 읽어보면서 대도서관은 어떻게 유튜버가 될 수 있었는지 알 수 있다. 웹툰 만화가는 《만화가가 들려주는 만화 이야기》를 읽어보고 만화가의 세계를 알아볼 수 있다. 꼭 자신이 하고자 하는 진로목표가 아니더라도 자주 보게 되는 영상과 웹툰에 대해 궁금해하고, 그 궁금증들을 풀어가기 위해 독서를 한다면 더 즐겁게 감상할 수 있다.

진로독서는 다양한 독서 활동을 통해 진로정보를 수집하고 분석·탐색해 청소년들이 가지고 있는 특성과 가치를 찾고 진로목표 선택을 할 때 의사결정 능력을 향상시켜준다.

수업시간에 어떤 사람이 되고 싶은지 질문하면 많은 아이들이 부자가 되고 싶다고 한다. 돈을 많이 벌고 싶다고 한다. 돈을 많이 벌기 위해 지금 무엇을 준비하고 있는지 물어보면 아무도 대답하지 못한다. 공부와 독서는 하기 싫고 게임만 하면서 돈 많은 부자가 되고 싶은 것이다. 세상에 대한 부정적인 생각과 아직은 부모님 보호 속에 있는 아이들이기 때문일 수도 있다.

학교에서 배우는 교과서 내용과 진로체험 활동이 진로를 설정하는 데 중요한 영향을 주지만 교과서 이외의 활동 속에서도 많은 정보를 습득하게 하고 다양한 기회를 통해 직업을 탐색해보고 체험해보는 것이 무엇보다도 중요하다. 청소년들에게 다양한 직업 세계의 경험을 제공하고 자존감을 향상시키는 데 필요한 것이 진로와 연계한 독서라고 할 수 있다.

독서는 진로탐색을 경험해보지 않은 청소년들에게 도움이 된다. 책을 읽으면서 모르는 용어는 노트에 정리해 사전이나 인터넷 검색을 활용하고, 중요한 문구나 좋아하는 구절은 따로 메모해놓는 습관을 갖는다. 책을 읽고 글의 내용을 요약해 주변 친구들과 토의·토론하는 것도 자신의 성향을 향상시키는 기폭제가 된다.

박완서 작가의 《자전거 도둑》에서는 자신이 믿는 삶의 가치관을 말할 수 있고 시대에 따라 직업이 변화하는 것을 알 수 있다. 로버트 뉴턴 펙의 《돼지가 한 마리도 죽지 않던 날》은 수업시간에 자주 활용하는 도서다. 학생들이 읽기 전에 제목만 보고 책의 내용을 유추하게 한다. 이 도서는 가족 간 행복의 의미를 느

176

낄 수 있는 도서다.

가족을 위해 열심히 살아가는 로버트 아버지의 생활 모습은 부모님들이 가족을 위해 어떤 일을 하는지, 부모가 자녀에게 전달하고자 하는 중요한 가르침은 무엇인지를 생각해보게 한다. 이태석 신부의《가장 낮은 곳에서 사랑과 나눔을 실천하라》, 손홍규의《청년의사 장기려》는 이태석 신부와 장기려 박사의 신념과 참된 봉사의 의미와 사람이 살아가는 데 있어서 소중하게 생각해야 하는 최고의 가치가 무엇인지를 청소년들에게 알려주고 있다.

수업시간이나 집에서 같은 제목의 책을 읽더라도 사람마다 느끼는 감정은 다르다. 청소년 개개인별로 외모, 흥미, 지능, 적성 등이 다르기 때문이다. 다방면의 독서 활동이 잠재되어 있는 재능을 깨우겠지만, 처음 독서를 시작하는 청소년들은 개인의 흥미나 적성을 파악해 자신이 좋아하거나 하고 싶어 하는 긍정적인 감정을 갖도록 하는 맞춤형 독서가 도움이 된다. 좋아하는 분야의 독서를 하면서 어느 정도 자신감이 생기면 다양한 영역의 독서 활동을 하면서 자신의 미래를 준비해나갈 수 있다.

나는 이력서나 자기소개서에 취미를 물어보면 독서라고 적었었다. 딱히 좋아하거나 잘하는 것이 없어서 가장 가까이 있는 독서라고 적었던 것 같다. 독서는 재미로 읽는 경우도 있지만, 책을 통해 자신의 가치와 흥미, 좋아하는 것, 하고 싶은 것 등을 찾는 활동이기도 하다. 학교에서 배운 이론과 규칙, 지식을 독서를 통해 적용해보고 청소년들 스스로의 진로를 탐색하는 데 중요한 활동이다.

진로도서를 선정할 때는 어른들의 기준에서 '좋다'는 책을 읽게 하면 학생들은 잘 읽지도 않고 효과적이지 않다. 학생들이나 자녀들의 수준을 고려해 쉽게 읽히고 다가갈 수 있는 도서를 권장해야 한다. 추천도서 목록만 뽑아서 학생들에게 제시하면 학생들은 책을 읽지 않는다.

한 권의 책을 읽더라도 학생별 맞춤형 도서 추천이 독서하고 싶다는 흥미를 불러일으킬 것이다. 청소년들이 자신의 진로 특성을 찾는 활동 속에서 독서가 즐거운 행위라는 것을 깨닫게 하는 것이 중요하다.

청소년을 위한
진로멘토링
38

chapter
04

진로교사의
진짜
진로수업 8

청소년을 위한 진로멘토링 38

청소년을 위한
진로멘토링
38

일상생활 속에서
진로 찾기

"여러분이 존경하고 가장 롤모델로 삼고 싶은 사람은 누구인가요?"

"세종대왕, 이순신, 스티브 잡스, 에디슨입니다."

보통 롤모델이라고 하면, 위인들이나 성공한 사람들을 많이 언급한다. 이분들과 청소년들과의 관계는 멀게만 느껴진다. 우리는 평범한 삶 속에서 자신의 꿈을 찾고 자신의 직업에서 성공한 사람들을 찾아야 한다. 아침에 등교하면서 저녁 늦게 집에 들어갈 때까지 여러분들은 많은 직업인을 만나게 된다.

여러분들은 하루 생활 속에 많은 직업들을 만나고 있다. 주변만 잘 살피면서 다녀도 간접적인 직업 체험을 할 수 있다. 스마트폰 검색을 해서 학생들이 살고 있는 지역 직업 지도를 그리게 했다. 이 활동을 하면서 친구들끼리 정보를 공유하고 매일 다니던 길이었지만, 새삼스레 알 수 있는 점포들도 많았다.

청소년들이 자주 가는 피자가게 하나가 있으려면 관련 직업이 얼마나 될까? 직업 지도를 그리고 그중에서 하나의 점포를 선택해서 관련된 직업을 찾는 활동이다. 하나의 피자가게는 생각보다 많은 직업들과 연결되어 있다.

피자가게를 속속들이 들여다보면 서빙하는 사람, 가게를 운영하는 사장님, 매니저, 요리사가 있고 텔레마케터, 배달원, 광고 기획자, 나레이터 모델, 인테리어 디자이너, 건축설계사, 간판제작자, 목수, 도장공, 전기배관공, 식품 판매원, 농부, 그릇제작자, 경비원, 연구원, 회계사 등이 있다. 피자 한 판을 만들어서 여러분들에게 먹을 수 있도록 하기 위해서 굉장히 많은 직업들이 연결되어 있다는 것을 알 수 있다.

직업 탐색을 멀리서 할 필요는 없다. 여러분들이 사는 지역 주변에는 다양한 직업군별 직업들이 많이 존재한다. J중학교 주변에는 이 지역에 태어나서 학교에 다니고 직업 활동도 지역 내에서 하는 것을 알 수 있다. 멀리 떠나서 직업을 선택하는 경우도 있지만, 자신이 태어나고 자라난 곳에서 직업 활동을 하고 있는 것이다.

지금 청소년 여러분들이 살고 있는 지역을 살펴보자. 도심과 지방에는 차이가 있지만 대부분 자신이 사는 지역에서 진로를 정하는 데 영향을 주고 있다.

하나의 직업이 다양한 업종 분야에서 활동하는 경우도 찾아볼 수 있다. 머천다이저(MD)는 유통업에 있어서 상품구성 계획을 담당하는 상품기획자를 말한다. 상품화 계획, 구입, 가공, 상품 진열, 판매에 관한 결정을 책임지는 직업이다.

이러한 머천다이저 직업은 의류 분야뿐만 아니라 쇼핑몰, 백화점, 홈쇼핑, 패션, 식품, 주얼리, 가전제품, 도서, 가구, 영업직, 기획 분야 등 다양한 분야에서 활동한다. 다양한 영역에서 계획을 세우고 상품을 판매하는 전략가로서 활동하는 사람이 머천다이저(MD)인 것이다. 옷이나 운동화를 구매하기 위해 상점에 방문했을 때 소비자의 취향을 저격하는 최신의 상품들이 진열되어 있다.

고객의 활동영역을 미리 점검해 상품 진열을 고객의 이동 경로에 맞게 배치하는 것도 머천다이저의 역할이다. 여러분들이 상점을 방문하면서 진열되어 있는 상품들을 자세히 살펴보면 그 속에 존재하는 규칙들을 읽을 수 있을 것이다.

주말에 방송하는 〈1박 2일〉 프로그램을 보면서 프로그램을 하나 만드는 데 몇 명의 스텝이 필요할까 생각해본 적이 있다. 처음에는 아무 생각 없이 재미있게 봤던 방송이지만, 진로교사를 하면서 〈1박 2일〉 프로그램 속을 들여다보고 싶어졌다. 텔레비전 속에서 우리는 재미있게 즐기면서 프로그램을 시청하지만, 그 프로그램이 만들어지기까지는 수많은 직업인들의 땀과 노력이 있다.

연기자, PD, 구성작가, 카메라맨, 소품 담당, 운전기사, 조연출, 방송기자, 장소 섭외, 코디네이터, 분장사 등 200여 명이 한 팀이 되어 〈1박 2일〉을 촬영한다고 한다. 한 편의 방송 프로그램을 제작하는 데도 관련된 직업들이 많이 있다. 여러분들이 즐겁게 웃고 즐기는 프로그램이 안방에 오기까지 수많은 사람들의 노력이 존재하는 것이다. 많은 청소년들이 연예인을 선호하고 직업으로까지 생각하는 경우가 있다.

정말로 끼와 재능이 있기 때문에 도전해보는 경우도 있겠지만, 대부분 텔레비전에 비추어지는 화려한 모습만 보고 선호하는 경우가 많다. 화면 속에 비치는 것은 일부분일 뿐이다.

진로수업시간이나 진로상담을 할 때 직업 가계도를 그려보게 한다. 청소년들이 일상생활 속에서 가장 많이 관계 형성을 하고 있고 만나는 사람들이 가족이다. 롤모델이 없다는 학생들에게는 부모님을 롤모델로 생각해보게 한다. 자라면서 주변 환경에 많은 영향을 받을 수 있지만, 성격과 지능의 절반가량은 부모님으로부터 물려받은 것이다.

직업 가계도를 그려보면 먼 할아버지세대부터 부모세대까지 이어지면서 가족 간의 강한 신뢰와 공통의 직업 관심사를 볼 수 있다. 같은 가족이라도 각각 다른 유전적 성향을 가지고 태어났다면 전혀 다른 분야로 직업을 선택했을 수도 있다. 직업 가계도를 그려보는 이유는 부모의 직업이 자녀에게 영향을 줄 수 있기 때문이다.

진로에 고민이 많고 선뜻 선택할 수 없다면 가장 가까이 있는 부모를 롤모델로 삼아 부모님의 삶의 여정을 살펴보는 것도 청소년들이 진로를 탐색하는 데 조금이라도 도움이 될 수 있을 것이다.

186

우리는 멀리서 정답을 찾으려 한다. 롤모델도 이미 성공한 사람들이나 위인들로 해야 한다고 생각한다. 청소년 여러분들이 사는 주변을 살펴봐라. 일상생활 속에서 자신에게 주어진 일에서 최선의 노력을 하면서 성공을 이루어가는 사람들이 많이 있다.

진로상담을 하면서 부모의 직업을 물어보면 모른다고 답하는 학생들이 많이 있다. 내 경우를 생각했을 때도 아들들이 초·중학생일 때는 구체적으로 하는 일에 관해 얘기하지 않은 것 같다. 학교에 다니니 아이들은 교사라고 생각했을 것이다. 그렇지만 교사이면서 가족들 간의 대화를 통해 교사가 하는 일을 구체적으로 안다면 어떨까 생각해보게 된다.

부모의 직업을 디테일하게 알 필요까지는 없지만, 부모가 어떤 일을 하는지는 자녀들이 알아야 한다고 본다. 그 속에서 엄마, 아빠의 역할과 가정을 꾸려가기 위해 어떤 노력을 하고 있는지 자녀들은 알아야 한다. 한참 성장해가는 청소년들에게 가장 훌륭한 롤모델은 부모님이다.

부모는 자신의 직업 속에서 부정적인 요인보다는 긍정적인 요인들을 찾아서 한 단계 업그레이드되는 직업인의 모습을 보여줘야 한다. 그래야 자녀들이 사회인으로 성장해가면서 사회를 바라보는 관점이 부정보다는 긍정적인 태도를 갖추게 되고 건전한 직업의식, 올바른 직업 가치관을 갖게 된다.

청소년들이여, 여러분들의 부모님과 지역사회에서의 일상생활 속에서 롤모델을 찾고 여러분들이 희망하는 직업인으로 성장해나가는 데 조금이라도 도움이 되는 진로탐색이 이루어지길 희망하는가?

모든 사람에게 주어진 하루의 24시간, 어떻게 활용하느냐에 따라 청소년 여러분들의 삶의 방향이 바뀐다. 혹자들은 매일 똑같은 일상의 24시간이지만 어제의 24시간과 오늘의 하루는 다르다고 말한다. 하지만, '어제나 오늘이나 내일이 뭐가 차이가 있을까?'라고 생각하는 사람들이 대부분이다. 여러분의 주위를 집중해서 살펴보자. 오늘은 분명히 어제와 다른 세상 속에서 우리가 살아가고 있다는 것을 깨닫게 될 것이다.

매일 같은 길을 오고 가지만 관심과 호기심을 가지고 바라본다면 분명 다름을 발견할 것이다. 그 호기심과 의문점을 풀어가기 위해 스마트폰 속에서 정보를 탐색도 해보고 어떤 식물인지 나무 이름이 무엇인지 모를 경우 사진을 찍어서 인터넷에 물어보면 친절하게 답변도 해준다.

이런 일상생활 속에서의 활동들이 자신의 미래를 준비하는 과정이 된다. 청소년 여러분들이 가장 많이 생활하는 공간 속에서 항상 새로운 것을 발견하려는 노력을 해야 한다. 우리는 하루 24시간 속에서 많은 일을 경험하게 된다. 그 경험들을 잘 살펴보면 관심을 가지고 하는 행동과 몰입을 하는 행동들을 파악할 수 있다.

진로목표를 너무 먼 곳에서 찾지 말고, 일상 속에서 꿈을 발견하고 꿈을 키워가는 힘을 얻기를 바란다. 우리가 무심코 생활하고 활동하는 공간 곳곳에 무궁무진한 꿈의 씨앗이 숨어 있을지도 모르니까.

나를 알아가는
꿈 공부하기

37년 전 S중학교 3학년 교실은 고등학교 진학을 앞두고 암기식 공부에 몰입되어 있다. 누구 하나 나에게 "네 꿈이 뭐니?", "넌 장래희망이 뭐니?"라고 묻지 않았다. 오직 "이번에 몇 등 했어?", "평균 몇 점이야?" 등 시험 성적에 관한 질문뿐이었다. 성인이 될 때까지 이미 만들어진 교육과정과 사회 체계에 따라 움직여야 했다. 나에게도 꿈은 있었던 것 같다.

텔레비전이 시골 마을까지 들어오게 되면서 공상과학영화를 보게 되고 로봇을 만드는 과학자가 꿈일 때도 있었다. 방학 어느 날, 집에서 내 인생의 장기 계획을 세운 적이 있었다. 고등학교, 대학교를 졸업하고 로봇을 만드는 과학자가 되기까지 연도별로 계획을 세웠었다.

그 당시, 흑백텔레비전 속에 비친 〈태권브이〉, 〈마징가제트〉, 〈짱가〉 등의 만화영화는 나에게 로봇을 만드는 과학자가 되고 싶다는 막연한 꿈을 갖게 되었다. 지금처럼 학교 수업 중에 직업에 대한 교육이 제대로 이루어졌다면 어려서부터 내 적성에 맞는 꿈을 꾸고 지금과 또 다른 나를 만날 수 있었을 것이다.

꿈을 꾸는 자와 꾸지 않는 자의 차이는 매우 크다. 성적이 우수하고 명문대학교를 졸업했어도 꿈이 없다면 삶에 행복감을 느끼지는 못할 것이다. 어떤 꿈을 꾸며 살아가느냐에 따라 삶이 달라진다. 수업시간에 꿈과 진로에 관해 물어보면 아직 정하지 못했다는 답변이 대부분이다. 37년 전 나의 모습이나 지금의 중학교 아이들이나 생각은 비슷한 것 같다.

꿈이 없으면 없는 대로 만들어가면 되는 것이다. 상담을 의뢰하는 청소년들을 보면 주변 친구들은 나름대로 꿈이 있고 진로목표를 정해서 준비해가는데 자신은 꿈도 없고 진로목표도 없고 뒤처지는 것 같다는 고민이 많다.

사실 꿈이 없는 것도 이상한 일이 아니다. 이미 삶을 살아온 성인들이 보기에는 꿈이 없는 청소년들이 답답하기만 하겠지만, 세월의 시간을 돌려서 보면 성인들의 어린 시절도 지금과 크게 다르지 않을 것이다. 청소년들의 꿈은 지금부터 만들어가면 되는 것이다.

"선생님 흥미검사와 적성검사결과 제시해주는 직업들이 저와 맞지 않는 것 같고 제가 관심 없는 직업들뿐이에요."
"진로심리검사 결과는 대체로 성향상 그러한 직업들에 맞을 것이라는 조언일 뿐이지, 무조건 결과대로 따라갈 필요는 없어요."

진로심리검사는 검사일 뿐이다. 나 자신이 어떤 사람인지 어떤 성향의 특성을 가지고 있는지 파악하는 데 도움을 주고자 하는 검사인 것이다. 나를 알아가기 위해서는 내가 무얼 좋아하는지, 내가 관심 가지고 있는 것은 무엇인지, 내 가치관은 무엇인지, 어떤 일을 할 때 몰입하게 하는지, 아니면 수업시간에 좋아하는 과목들은 무엇인지 등을 스스로 파악해봐야 한다. 자기 이해가 되어 있지 않은 상태에서 진로목표를 설정해나갈 수는 없다.

나를 알아가기 위한 방법으로는 어떤 것이 있을까?

첫째, 진로심리검사에서 주어진 직업들에 대한 직업 정보를 정리하는 일이다. 전혀 관심 없는 직업들이라도 3~4개 골라서 직업 정보를 찾다 보면 평소 알지 못했던 직업에 대해 자세히 알 수 있게 되는 것이다. 직업명만 보고 '나에게 맞지 않아'라고 생각하기보다는 직업 정보를 자세히 살펴봄으로써 내 성향과 맞는지 분석해야 한다.

둘째, 학교에서 실시하고 있는 다양한 교육 활동에 참여하는 것이다. 교육 활동에 적극적으로 참여하지 않으면 자신의 특성을 찾을 수 없다. 관심 있든 없든 자신에게 주어진 상황에 적극적으로 활동해야 자신의 장단점을 파악할 수 있다. 즉, 학생으로서 해야 할 기본적인 것에 충실해야 한다. 학교에서는 다양한 분야의 진로체험 활동과 특성화고, 대학교 학과체험들이 이루어지고 있다. 영역을 넘나드는 체험 활동은 결국 자신의 장단점을 찾는 데 도움이 될 것이다.

셋째, 주변 지인들의 의견에 귀를 기울여야 한다. 청소년 여러분들을 가장 잘 아는 사람은 여러분들의 주위에 있는 가족, 친구, 선생님들이다. 그분들은 내가 볼 수 없는 나를 발견할 수 있다. 비판적인 조언을 해도 받아들여서 자신의 강점으로 만들어가는 것이 중요하다. 주변 지인들과의 관계가 원만해야 이러한 조언을 들을 수 있다. 주변 사람들이 반대하든 찬성하든 모두 다 이유가 있다는 사실을 알고 있어야 한다.

넷째, 영화, 방송 매체, 도서, 인터넷 등에서 제공되는 다양한 프로그램들 속에서 자신을 발견할 수도 있다. 각각의 작품 속의 인물이 되어보는 상상도 해보고, 자신의 현재 상황을 영상 속의 상황에 일치시켜보는 것도 자신의 성향을 파악하는 데 도움이 된다.

다섯째, 롤모델을 정하는 것이다. 존경하는 위인들이나 성공한 사람 중에 존경하고 싶은 인물을 선정한다. 롤모델이 살아온 과정을 찾아보고, 자신도 그 과정에 따라 살아보는 것도 자신을 발견하는 좋은 방법이다. 꿈을 이루기 위해 어떻게 준비해야 할지 막막할 때는 그 분야에서 이미 성공한 분들의 발자취를 따라가 보는 것도 중요하다.

　나를 알아가는 방법들은 이 외에도 많이 있다. 중요한 것은 100% 자신에 대해 완벽하게 알 수 없다는 점이다. 탐색하고 체험하고 학습하면서 자신의 성향을 파악할 수 있다. 일명 성공했다고 하는 사람들은 어느 순간 성공이라는 것이 떨어진 것이 아니다. 그동안 오랜 세월 끊임없는 노력과 실천 속에서 성공이라는 꽃을 피우게 된 것이다.

　꿈이 직업만을 의미하지는 않는다. 100세 인생길에서 어떤 역할을 담당하며 살아갈 것인가가 중요하다. 직업이라는 꿈을 통해 무엇을 이룰 것인가. 꿈을 이루었을 때 여러분은 '어떤 생각을 하고 있을 것인가?'라는 생각을 해야 한다. 꿈도 꿔본 사람이 이루기가 손쉬울 것이다. 꿈을 찾고 꿈을 키우기 위해서는 부단한 노력과 직접 부딪히며 얻어가야 한다.

　"내가 이것을 어떻게 이루겠어"라고 포기하고 불안해하기보다는 '내가 왜' 이 직업에 관심을 가지고 있는지, 아니면 내가 왜 이 일에 몰두하는 것인지 의문을 가져야 한다. 꿈은 진로목표는, 인생의 목표는 스스로의 힘으로 만들어지고 개척되는 것이다.

　나는 30대 후반이 되어서야 '내 삶은 나 스스로 개척해나가는 것이다'라는 진리를 깨닫게 된다. 그 전까지는 명문대도 아니고 고등학교도 시골에서 나왔는데 '내가 이걸 할 수 있겠어'라는 의식이 내 마음속을 지배했었다. 주어진 일에만 집중했고 퇴근 후에는 별다른 내 역량을 개발하겠다는 생각을 하지 못했다.

나는 세상 돌아가는 이야기를 곁들이면서 말 잘하는 사람들 보면 부러웠다. 강의 중에도 대학 시절 배운 내용과 교과서 내용을 전달하는 데 급급했던 기억이 있다. 많은 학생이 공부하는 만큼 성적이 나오지 않듯, 나 또한 중·고등학교와 대학교 시절 공부에 집중하는 만큼 성적은 오르지 않았다.

지금 생각해보면 성적이 오르지 않은 이유는 집중하지 않고 공부했기 때문이다. 책을 펼치고 읽는데 눈으로만 읽고 머릿속에서는 잡념들이 자리 잡고 있었다. 공부는 하지만 잡념은 끊임없이 나타나고 사라지지 않았다. 그러니 공부를 온종일 해도 머릿속에 남는 것은 하나도 없었다. 잡념을 사라지게 하기 위해 복식호흡도 배워보고 단학선원도 다니면서 집중하는 연습도 많이 했다.

어떠한 방법도 내 머릿속에서 떠오르는 잡념과 상상을 저 멀리 보낼 수가 없었다. 대학 시절 시험을 보는데 책 내용 기억나는 것 몇 글자 끄적이고 더 이상 진도가 나가지 않았던 기억이 있다. 지금 생각해보면 독서량이 많이 부족한 탓이기도 했다. 그래서 나는 새로운 방법을 선택했다. 바로 반복 학습과 손으로 쓰기, 독서하면서 밑줄 긋기 등을 실행에 옮겼다.

그 고정된 의식의 틀을 깬 것은 내 속의 열정을 세상 밖으로 끄집어내면서이다. 열정만 가지고는 안 된다. 주변 지인들에게 나에 관해 이야기하고 세상 돌아가는 것들에 관해 관심을 가지

194

고 세상 이야기도 하는 말문이 터지면서 오랜 세월 머릿속에서 자리 잡고 있던 잡념과 상상들이 사라졌다.

변하려고 했던 끊임없는 노력이 50살이 넘어서야 빛을 발하고 있다. 중·고등학교 시절 '지금처럼 공부했으면 전교 1등은 했을 것이다'라는 생각을 해본다. '내가 중·고등학교 시절 롤모델을 만났더라면, 공부하는 방법을 알려주는 사람만 있었더라면, 지금 살아온 길보다 다른 세상 속에서 살고 있지 않았을까'라는 생각을 가져보기도 한다. 열정과 실행력, 그리고 실천하려는 의지가 나를 다시 태어나게 한 것이다.

"꿈은 더 크게 더 높게 꾸되, 반드시 실천하는 습관이 병행되어야 한다."

아직도 나는 퇴직 후의 인생 2막을 어떻게 보낼 것인지 구상 중이다. 꿈속에서 헤매던 것들을 세상 밖으로 나타나게 하기 위해 오늘도 나는 실천하는 삶을 살아가고 있다. 청소년 여러분들도 자신의 성향과 태도를 객관적으로 바라보고 자신들의 꿈을 찾아 떠나는 여행길에 어떤 것을 챙겨서 가야 하는지 생각해보았으면 한다. 나처럼 세월이 흘러 50살이 되었을 때 '중·고등학교 때 이런 것이 아쉬웠다.' '선생님이 이러한 것들 해보라고 했을 때 한 번이라도 해봤으면 지금과 다른 삶을 살았을 텐데…'라는 후회를 하지 않기를 바란다.

나 자신을 파악하는 것은 중요한 것이다. 나를 알아야 앞으로 무엇을 어떻게 해야 할지 결정할 수 있기 때문이다. 지금 세상은 청소년 여러분들이 하려고 하는 의지만 있다면 모든 정보를 수집할 수 있다.

　나를 알아가는 꿈을 공부하기 위해서는 직업 정보를 찾아보고, 학교 교육 활동에 적극적으로 참여하고, 롤모델을 정해서 따라도 해보는 등 방법들이 다양하게 있다. 여기서 가장 중요한 것은 여러분들이 알고 있는 방법들을 어떻게 실천해나가느냐다. 실천할 수 있는 것들 위주로 계획을 세워서 지금 이 순간부터 작게나마 행동에 옮겨보자.

196

직업에 대한
가치관 확립하기

초등학교 졸업하고 40년 만에 봄 소풍을 떠났다. 추위가 누그러지고 봄 새싹들이 피어나는 4월, 초등학교 친구들 20여 명은 관광버스를 대절해서 영광, 태안을 다녀왔다. 수원 성대역에서 버스를 타면서 내가 제일 먼저 한 일은 안전띠 점검이다. 친구들의 안전을 위해서도 마이크 잡고 안전띠를 매도록 했다. 여행하는 하루 동안 친구들이 쓰레기 버리는 것, 출입금지구역 들어가는 것 등을 지적하며 다녔었다.

"교사 티 너무 내는 거 아냐"라고 농담하면서도 친구들은 내 말을 따라 줬다. 나는 내가 교사라서가 아니라 어려서부터 배운 것을 지켜야 한다는 신념 아닌 신념을 가지고 있다. 교사 생활을 하면서 교사의 역할에 대해 많은 생각을 하게 된다. 수업시간에 학생들이 편협한 사고 체제를 갖지 않기 위해 노력해야 하고 학교 밖에서도 교사로서의 본분을 잊지 말아야 한다.

나는 건널목 신호등이 깜박깜박 하면 뛰지 않는다. 다음 신호를 기다린다. 괜히 뛰다가 중간에 빨간색으로 변하면 어쩔 것인가. 뛸 수도 있지만 그런 모습을 혹시나 나는 모르지만, 나를 알아보는 사람들이 있을 수 있다는 생각이다.

학교 주변에 살면서 교사의 책무에 대해서도 생각하지 않을 수 없다. 교사는 사회 모범생으로의 역할과 그리고 학생들이 올바른 가치관을 형성할 수 있도록 지도하는 역할을 해야 한다.

직업가치관은 직업에 대해 가지고 있는 생각이나 태도를 의미한다. 진로를 선택할 때는 흥미, 적성, 성격, 신체적 조건, 가치관을 고려해야 한다. 올바른 직업 가치관은 어려서부터 주변 환경에 의해 변할 수 있다.

직업을 탐색하면서 그 직업인이 되기 위해 갖춰야 하는 가치관을 살펴봐야 한다. 즉 평소에 존경하는 사람의 특징, 어떤 일을 할 때 마음이 뿌듯함을 느끼는지 등을 탐색해봐야 한다.

초·중학교 학생 중에 교사의 꿈을 키우는 경우가 많다. 가까이에서 교사를 자주 만날 수 있어서이기도 하다. 학생들이 어려서부터 올바른 직업 가치관을 형성할 수 있도록 성인들은 올바른 행동을 보여줘야 한다.

직업 가치관은 직업을 통해 자신의 능력을 발휘해보려는 능력발휘, 내가 하는 일에 대해 다른 주변 사람들에게 인정받고 싶어 하는 사회적 인정욕구, 규칙이나 관습에 얽매이지 않고 일하는

198

시간과 일하는 방식을 스스로 정할 수 있는 자율성, 사회단체 활동가와 같이 다른 사람들에게 도움이 되는 일을 중요시하는 봉사의 가치, 직업을 통해 많은 돈을 벌고 싶어 하는 돈의 가치, 직업 속에서 더 많이 배우고 자신의 역량을 발전시키는 자기계발, 공무원, 교사처럼 한 직장에서 오래도록 근무할 수 있는 것을 중요하게 생각하는 안전성 추구, 스스로의 아이디어를 통해 새로운 일을 해볼 수 있는 창의성 등이 대표적인 직업 가치관들이다.

1997년 IMF 위기 이후 우리나라의 청년들은 사회적 안정을 추구하는 직업으로 쏠림 현상을 보인다. 자신이 추구하는 직업적 가치관, 살아가면서 중요하게 생각하는 가치관보다는 당장의 평생 안정적인 공직을 갖기 위해 치열한 경쟁 속으로 몰려들고 있다.

중학교 학생들도 새로운 직업에 대한 도전보다는 보수를 많이 주는 직업, 안정적인 직업, 놀며 일할 수 있고 돈도 많이 벌 수 있는 직업을 갖고 싶다고 한다. 학부모 상담을 하다 보면 어느 선생님은 종교적 편향이 심하다는 얘기도 있고, 교사로서의 행동을 보여주지 못하는 경우도 있고, 공감과 배려해주지 못하는 경우도 있다고 하소연할 때도 있다. 유능한 인재들이 국가 경쟁력인데 새로운 미래기술을 배우려는 노력보다는 안정적인 직업에만 몰려든다면, 국가 경쟁력이 떨어지는 것은 당연하지 않을까? 미래의 주인공인 청소년들이 올바른 직업 가치관을 갖고 직업을 선택하게 하는 것이 교육의 역할이다.

정당하게 자신의 분야에서 노력해 성공한 직업인들이 존경받는 것이다. 자신의 부를 얻기 위해 주변 사람들을 핍박하고 다른 사람의 노력과 성과를 부당하게 취해서 자신의 부를 축적한 부자는 비판받아야 한다. 부당한 행동을 통해 부를 취득한 직업인에게는 응당한 대가를 치르게 해야 한다.

우리가 일하는 목적은 정당하게 돈을 벌고 경제적 부를 얻는데 있다. 정당하게 정직하게 직업 활동을 통해 돈을 벌려는 청소년이 되어야겠다.

우리가 일하는 목적은 돈만 벌기 위해 하는 것은 아니다. 돈만 벌기 위해 옳은 일이든 옳지 않은 일이든 가리지 않고 하다 보면 삶이 피폐해질 수 있다. 일은 단순한 돈을 벌기 위한 활동이라기보다는 자신의 꿈을 이루며 행복한 삶을 살아가려는 수단이어야 한다.

직업은 경제적 이득을 갖는 것 이외에 국가 경제발전에 크게 공헌하고 있다는 자부심을 키워야 한다. 직업을 통해 자아실현과 사회에 대한 책임을 다해야 한다.

직업에는 귀천이 없다. 직업에 대한 잘못된 편견과 고정관념은 버려야 한다. 그리고 직업을 가지고 남녀의 역할을 구분 지어서는 안 된다. 자신이 맞는 분야에서 성실히 일하는 모습이, 직업이 사회적 기능을 다하고 있는 것이다.

우리는 뉴스를 통해 직업인들이 자신에게 주어진 직무에 최선을 다하는 모습들을 많이 본다. 소방관들이 불난 현장에서 방한복을 입고 한 사람이라도 더 구하기 위해 불 속으로 뛰어들어가

200

는 모습, 헬기 조종사가 갑자기 추락 위기에 처했을 때 헬기가 민가 주택가로 떨어지지 않게 핸들을 꽉 잡고 산으로 추락하게 하는 경우, 비행기 조종사가 끝까지 비행기를 버리지 않고 산속으로 추락하는 경우들이다.

투철한 직업 정신이고 직업인으로서 올바른 직업 가치관을 따르고 있기 때문이다. 직업 가치관은 어려서부터 갖출 수 있도록 반복적인 교육이 이루어져야 한다.

청소년들이 올바른 직업 가치관을 갖기 위해서는 가정, 학교, 사회의 역할이 매우 크다고 할 수 있다. 직업이 요구하는 직업에 대한 올바른 가치들을 추구하려는 노력이 결국에는 자라는 청소년들에게 영향을 주게 되는 것이다.

가정에서는 '돈', '돈' 하지 말자. 먹고살기 위해서는 '돈'은 필요하지만 '돈'의 노예가 되지 않도록 관심을 가져야 한다. 학교에서는 '종교', '정치' 등에 대해 치우침이 있어서는 안 된다. 즉, 편견을 갖지 말아야 한다. 평소 부모의 태도, 말 한마디는 자녀들이 살아가면서 가치를 형성하는 데 영향을 미친다. 그렇기 때문에 항상 중립적인 태도를 보여야 하고, 옳고 그름을 판단할 수 있는 행동을 해야 자녀들이 올바르게 사회를 바라보는 안목이 생기게 된다.

지역사회는 정당한 노력을 통해 정당하게 성공하는 모습들을 보여줘야 한다. 매일 뉴스에 부정적인 내용보다는 긍정적인 뉴스들이 많이 방송되어야 한다. 긍정적인 내용의 프로그램들이 많을수록 청소년들의 직업 가치관은 올바른 길로 걸어나가게 될 것이다. 마을 주변 길거리에 쓰레기와 담배꽁초들이 널려 있고 폭력이 난무하는 동네의 아이들은 세상이 그런 줄 알고 자라게 된다.

한번 뇌 속에 각인된 생각들은 100세를 살아가면서 쉽게 변하지 않는다. '세 살 버릇 여든 간다'는 속담이 있듯이 어려서 배운 올바른 가치관이 어른으로 성장하고 직업 활동을 하면서도 사회와 세계 속에서 존경받는 올바른 직업인이 되게 한다.

올바른 직업 가치관은 국가의 미래를 결정한다. 청소년들이 존경받는 어른들이 많아야 한다. 매스컴 속에서 부정적인 잘못된 것들만 비추게 되면 아직 가치관 형성이 안 된 청소년들에게 악영향을 미칠 수 있다.

우리 어른들의 모범적인 생활과 직업인으로서의 긍지를 가지고 살아가는 것이 청소년들에게 올바른 직업 가치관을 갖도록 하게 될 것이다. 우리 역사를 보면 수많은 침략을 받아왔고 지금도 강대국 틈바구니에서 살아가고 있다. 먼 옛날 나라를 잃은 슬픔을 되풀이하지 않고 세계 속에서 강대국의 역할을 하기 위해서는 아이들이 가정과 학교, 사회 속에서 정당하게 벌고 새로운 세계에 도전할 수 있는 인재로 성장하도록 돕고 키워나가야 한다.

4교시

창직, 창업,
기업가 정신 구축하기

2016년 1학기 중간고사 기간 중 1학년은 창직 프로그램을 운영했다. 창직 프로그램 운영 업체를 선정해서 3시간 동안 학급별로 진행했다. 아이들이 일상생활 속에서 불편했던 점이나 새롭게 바꾸고 싶은 것들을 찾아서 직업을 만들기도 하고 직업들끼리 융합시켜서 새로운 직업으로 만들기도 하는 프로그램이다.

2017년 현장직업체험에서는 2학년 아이들을 데리고 멀리 보라매공원 주변에 있는 창직 프로그램 센터에 방문해서 현장직업체험을 했다. 여기서는 보드게임과 카드를 이용해 새로운 직업을 만들어보는 활동이 주류를 이루었다.

위 두 활동은 아이들 만족도도 떨어지고 내가 보기에도 새로운 직업을 만든다는 것이 억지로 만들어가는 활동처럼 보였다.

'창직 활동을 색다르게 할 수 없을까?'라는 고민에 빠지게 됐다. 2018년부터 새로운 교과서가 나오면서 진로교과서에도 창직과 창업 단원이 나온다. 2018년부터는 새로운 방식으로 창직을 배울 수 있도록 해야겠다는 생각을 하고 여기저기 정보를 찾기 시작했다. 서너 시간 배워서 될 문제가 아니다. 꼭 새로운 직업부터 만들어야 창직인 것은 아니다.

새로운 직업을 만들어가는 것도 중요하지만 창직을 하기 위해 청소년들이 갖춰야 할 능력과 그 능력을 향상시켜나가는 일이 더 중요한 것 같다. 2016년과 2017년에 실시했던 창직 체험 활동은 우리 주변에서 세상에 존재하는 것을 찾아서 새로운 직업을 만드는 것처럼 보였다. 이러한 활동이 아이들에게 어떤 긍정적인 영향을 주고 있는지 고민하게 됐다.

나는 청소년들이 창직 창업을 하기 위해서는 개인의 역량 개발이 우선되어야 한다고 생각했다. 그래서 2018년 자유학기 프로그램으로 창직반을 개설했고, 매주 화요일 시작한 창직 수업은 학생들의 생각을 밖으로 나타나게 하고 자신의 생각을 자유롭게 이야기할 수 있는 것부터 시작했다. 수업시간에 한 활동은 단체 밴드를 만들어 공유하게 하고 짧은 글을 쓰고 발표하게 해 사고력을 확장시키는 교육이 진행됐다.

지금 세상은 빠른 속도로 변화해가고 있다. 급변하는 세상 속에서 자신의 꿈을 펼치고 미래 인재상을 확립시키기 위해서 창직과 창업, 기업가정신 교육이 필요하다. 창직은 문화, 예술, 정보통신, 농업 제조업 등 다양한 분야에서 창조적인 아이디어와 자신의 지식, 기술, 적성, 흥미 등과 관련 있는, 기존에 없던 직업을 새롭게 만들어내는 것을 의미한다. 창직을 위해서는 사고의 전환과 행동의 습관이 필요하다.

첫째, 돈을 벌어야겠다는 욕심이 자신이 추구하는 가치와 행복을 앞서서는 안 된다.

둘째, 우리나라 사람들이 많이 가지고 있다는 조급증도 창직 활동을 하는 데 저해요인이 된다.

셋째, 읽고, 쓰고, 생각하라. 창직 관련 체험 활동을 통해 얻은 교훈이다. 창직의 기본은 독서하고 베껴 쓰고 생각하는 행동부터 진행되어야 한다.

넷째, 나만의 길을 걷자. 미래사회는 지금과 완전히 다른 세상이 청소년 여러분들을 기다리고 있다. 다른 사람들이 만들어놓은 발자국을 따라가기보다 자신의 길을 만들어가며 세상을 향해 가슴을 활짝 열고 적극적으로 도전해보려는 자세가 필요하다.

창업은 개인이나 단체가 사업이나 일을 새로 시작하는 것을 의미한다. 창업은 새로운 기회를 발견하고 사람들에게 유익한 새로운 것들을 만들어내는 특정 분야의 일을 시작하는 것이다. 창업가에게 필요한 역량으로는 무엇이 있을까?

첫째, 자신이 하고자 하는 일을 잘 찾아내는 능력이 필요할 것이다.

둘째, 다른 사람들이 하지 않는 창의적이고 새로운 아이디어를 계속 만들어낼 수 있는 능력이 있어야 주변 상권과 경쟁력이 생기게 된다.

셋째, 창업을 시작한다는 것은 실패할 가능성을 염두에 두고 해야 한다. 즉, 모험심이 있어야 한다.

넷째, 문제를 해결하고 합리적인 생각을 가져야 한다.

창직과 창업은 청소년들이 살아가고 있는 사회에서 문제시되는 것은 무엇인지, 이 사회가 필요로 하는 것이 무엇인지 파악해내야 한다. 자신이 잘할 수 있는 것과 사회적으로 많은 사람이 필요로 하는 것이 일치해야 성공할 확률이 높은 것이다.

예를 들어, 1인 출판기업가가 되려고 한다면 책을 읽고 쓰는 것은 당연히 잘해야 하고 기획력과 편집 능력, 섭외 능력 등 출판업에 필요한 능력도 갖추고 있어야 하고, 시대 변화에 따른 도서출판시장의 변화도 예측할 수 있어야 한다.

창직과 창업은 아이디어만 좋다고 꼭 성공하는 것은 아니다. 현실적으로 가능해야 하고 주변 상권도 잘 분석해야 한다. 창직은 창업보다 폭넓은 개념이다. 창업하기 위해 필요한 정신은 도전과 열정, 창의와 혁신으로 새로운 가치를 만들어가는 기업가정신이고, 창직을 하기 위해서 갖춰야 할 정신은 창직가 정신이다.

〈한국 창직 협회〉에서는 창직가 정신이 갖춰야 할 기본요소로 가치성, 창의성, 혁신성, 도전성, 인내성, 보편성 기여성을 말하고 있다. 창직과 창업은 뛰어난 아이디어와 창의적인 능력이 필요하다.

206

맥아더스쿨 정은상 교장은《창직이 답이다》에서 창의성은 키워드 독서와 글쓰기를 통해 얼마든지 자신의 잠재력을 끌어내어 찾아낼 수 있다고 강조하고 있다. 또한, 창의성은 질문에서 나오며 묻고 또 묻다 보면 새로운 아이디어가 어느새 머리에 떠오르고 컴퓨터처럼 머릿속에서 시뮬레이션이 일어나는 것이라고 한다.

새로운 아이디어를 찾기 위해 창의 능력을 어떻게 길러가야 할까? 특별한 재능이 없어도 창의적으로 생각하고 행동할 수 있다. 꼭 천재성을 갖춘 사람만이 창의력이 뛰어난 것은 아니다.

창직과 창업은 누구나 할 수 있다. 누구나 할 수 있는 창직과 창업이 성공하기 위해서는 작은 일부터 적응력을 키워나가야 한다. 실패할 것을 염두에 두고 실패해도 크게 흔들리지 않게 작은 일부터 시작해야 한다.

'2015 교육과정'이 2018년 중학교 교육에 적용되면서 '창업과 창직' 단원이 생겼다. 어려서부터 창업과 창직을 올바르게 배우고 누구나 자신의 아이템을 가지고 정당한 가치를 얻을 수 있는 사회 분위기가 만들어져야 한다.

자신의 인생에서 각 개인은 어떤 직업을 가지든 모두 경영자, 즉 CEO다. 중·고등학교에서부터 체계적인 교육이 이루어져서 미래를 구축해나갈 수 있는 상상력, 너무 크고 먼 계획보다는 작게나마 시작하고 도전하는 행동력, 새로운 아이디어를 성과로 연결시킬 수 있는 잠재력을 갖출 수 있어야 하겠다.

나의 진로목표 세우기

나침반이 발명되기 전 사람들은 북쪽 밤하늘에 떠 있는 북극성을 보고 방향을 잡아나갔다. 특히 뱃사공들은 멀리 고기잡이 나갔다가 북극성을 바라보면서 무사히 집으로 귀가할 수 있었다. 먼바다에서 항구로 돌아오기 위해서는 북극성과 등대를 목표로 항해해야 했다. 항해하는 데 기준이 없었다면 바다로 나간 배들은 돌아오지 못했을 것이다.

우리의 삶도 배를 항해하는 것과 같다. 어떤 목표를 가지고 살아가느냐에 따라 인생의 여정은 크게 달라질 것이다. 때로는 친구 따라 자신의 목표를 설정했다가 '이게 아닌데'라며 방향을 수정하기도 하고, 삶의 목표도 없이 삶이 끝나는 날까지 자신의 정체성을 깨닫지 못하고 죽음의 문턱에서야 비로소 깨닫게 되는 경우도 많다.

208

나는 여행을 하기 전에 철저한 계획을 세워서 움직인다. 숙박과 교통은 기본이고, 일과를 시간 단위로 계획을 세워서 움직인다. 마치 수학여행을 가는 듯 관람하고 체험하는 활동들로 짜 나간다. 이렇게 여행을 출발하기 전 계획을 세워두면 시행착오 없이 보람찬 여행을 할 수 있듯이 꿈을 이루기 위해 진로목표 계획을 구체적으로 세우고 꾸준하게 실행에 옮긴다면 청소년 여러분들의 꿈은 이루어질 가능성이 높아지는 것이다.

계획을 세워서 실행했을 때와 무계획적으로 실행했을 때를 경험해봤으면 목표를 세우는 것이 얼마나 중요한지 깨닫게 될 것이다. 진로목표에 따른 진로계획은 단기계획과 장기계획을 구체적이고 단계적으로 세우고 청소년 여러분들의 성장과 주변 환경 변화에 따라 적절하게 수정·보완해나가는 것이다.

"인생은 초콜릿 상자에 있는 초콜릿과 같아. 어떤 초콜릿을 선택하느냐에 따라 맛이 달라지지. 우리 인생도 어떻게 선택하느냐에 따라 인생의 결과도 달라질 수 있다."

영화 〈포레스트 검프〉에 나오는 대사 중 일부다. 우리가 살아가는 최종 목표는 행복한 삶이다. 행복한 삶을 살아가기 위해서는 많은 사람들이 지나간 길을 따라가는 것이 아니라 자신만의 길을 만들어가야 한다.

맛있는 초콜릿 맛을 보기 위해서는 자신의 성향에 맞는 진로목표를 세워야 한다. 진로목표를 잘 세우기 위해서 필요한 원칙이 있다.

첫째, 친구 따라 강남 가지 말아야 한다. 즉 자신이 스스로 계획을 세워야 한다. 고등학교를 선택할 때, 자신의 성향은 파악하지 않고 무조건 친구 따라 특성화고 기계과로 진학하는 경우가 있다. 특성화 고등학교에 진학해서 공부하다 보니 도저히 관심도 없고 힘들어서 2학년 시작하면서 일반 고등학교로 전학한 학생도 있었다. 이 학생뿐만 아니라 많은 학생들이 중학교 때 즐겁게 지냈던 친구 따라 진학을 선택했다가 적응하지 못하고 자퇴를 하거나 다른 유형의 고등학교로 전학하는 사례들이 많았다.

둘째, 자신의 특성, 즉 흥미, 적성, 성격, 직업 가치관 등과 주변 환경을 고려해야 한다. 학교에서 진행되는 진로체험 활동에 관심 있는 것도 해야겠지만, 평소 관심 없는 분야에도 도전해보는 것이 좋다. 그래야 여러 방면에서 자신의 성향을 파악할 수 있다.

셋째, 사회가 요구하는 규칙, 규범을 지키는 범위 안에서 인생의 목표를 설계해야 한다. 규범과 규칙은 오랜 세월 속에서 사회 구성원들이 지켜야 할 것을 만든 것이다. 그러다 보니 국가마다 다른 경우도 있다. 이 규칙 속에서 자신의 역량을 키워가는 진로목표를 세워야 한다.

넷째, 자신이 하고자 하는 직업 활동의 내면적 가치를 고려한다. 주변의 평가, 돈에 대한 욕망, 명예 등 외적 가치를 중요시하기보다는 내적 가치를 충족하는 직업을 선택해야 자기만족도

210

높고 자아실현 등의 성취감을 얻을 수 있다.

다섯째, 진로계획은 단계적이면서 융통성 있게 운영한다. 10년, 5년, 1년 단위로 쪼개서 계획을 세워야 한다. 그리고 계획은 수정·보완되면서 진행되어야 한다.

여섯째, 스마트한 시대에 인터넷 등을 활용한 다양한 진로정보를 탐색해 변화하는 트렌드를 이해해야 한다. 세상이 변하는 이야기들에 관심을 가져야 한다. 그래야 청소년 여러분들이 무엇을 어떻게 준비해야 할지 구상할 수 있다.

나는 고등학교 졸업하자마자 운전면허 시험을 봤다. 그 당시에는 그렇게 자동차가 많지 않았지만, 사회에서 생활하는 데 필요할 것 같다는 주변의 조언에 따라 수원 자동차 면허시험장에서 시험을 봤다. 하지만, 필기시험에 합격하고 실기고사를 보지 않아서 운전면허를 취득하지 못했다.

다시 운전면허시험에 도전하게 된 것은 직장 생활을 하고 결혼하면서 운전이 필요하게 되어 집 가까이 있는 강서운전면허시험장에 응시했다. 결과는 예상 밖으로 필기고사에서 불합격이다. 두 번이나 연속해서 한 문제 차이로 필기고사에서 실패하게 된다.

어떻게 운전면허시험 필기에서 떨어질 수 있느냐는 주변의 눈총을 받게 된다. 나 자신도 창피했었다. 다음 세 번째 도전은 좀 각오를 다지고 학습 방법을 바꾸었다. 두 번의 실패 원인은 제대로 공부하지 않았기 때문인 것 같다. 대충 문제지를 훑어보고 시험장에 들어갔으니 아리송한 문제들을 맞추지 못했던 것이다. 시험 날짜까지 목표를 세우고 그 목표를 달성하기 위해 집중해서 공부했다.

'운전면허시험도 이렇게까지 공부해야 하나'라는 생각을 했지만 세 번째도 떨어질 수는 없었다. 이러한 준비와 각오가 실기고사까지 이어져 무사히 운전면허증을 취득할 수 있었다.

장기계획와 중·단기계획을 세워서 그 계획들을 실행에 옮기는 과정에서 대충이라는 것은 결코 있어서는 안 된다. 계획들을 실행하는 과정에서 실패할 수는 있다. 그렇지만 실패로 끝나서는 안 된다.

여러분들이 세운 계획들이 100년 동안 일관성 있게 진행되지 않는다. 우리의 삶은 역동적으로 나아가기 때문이다. 큰 틀 안에서 상황에 맞게 수정·보완하면서 행복한 삶을 살아가야 한다.

그리스의 철학자 아리스토텔레스는 "우리가 진정으로 중요하게 생각하는 방향으로 행동할 때, 우리의 삶은 비로소 풍요롭고 의미 있으며 만족스러워진다. 이것은 스쳐 지나가는 덧없는 느낌이 아니라 삶을 온전히 살았다는 진솔함이며, 끊임없이 추구되는 정신의 활동성이다"라고 했다.

진로목표를 세우기 위해서는 단계별로 구체성이 있어야 한다. 초등학교 6년은 자신의 재능이 무엇인지, 자신이 잘할 수 있고 관심 있는 것이 무엇인지 등 자신이 어떤 사람인지 자기를 이해하고 파악하는 활동을 중심으로 한다. 또한 오감을 자극할 수 있는 활동이어야 한다.

중학교에서는 자유학기 1년 동안 진로탐색 활동을 통해 자신의 성향과 맞는 직업과 진로목표를 설정하고 중학교 3학년에서 고등학교 유형을 정해 어느 고등학교로 진학해야 할지 선택해야 한다. 고등학교에서는 자신의 꿈과 연결되는 학문 탐구를 하기 위해 대학교 어느 학과로 진학할 것인지 목표를 잡고 대학 진학을 위한 준비를 해야 한다.

지금까지 우리나라의 대부분 사람들은 대학교를 선택할 때 자신의 진로목표보다는 성적에 맞춰 대학교 학과를 선택하는 경우가 대부분이었다. 그러다 보니 대학교를 졸업하고 취업해서는 적성에 맞지 않아 조기에 퇴사하는 경우가 많았다.

고등학교 선택, 대학교 학과 선택, 학원 선택 등 청소년 여러분들이 선택해야 할 것들을 부모가 대신 해주는 경우도 많다. 모든 선택을 부모가 해주다 보니 성인이 되어서도 본인 스스로할 수 있는 것이 없다.

사회적인 분위기와 부모들의 인식이 많이 변해야겠지만 초·중학교 단계부터 청소년들이 꿈꾸는 세상을 스스로 만들어갈 수 있는 환경을 갖춰야 한다. 여러 번 시행착오를 겪으면서 자신들의 꿈을 만들어가고 그 꿈을 이루기 위해 체계적인 진로목표를 세워서 실천에 옮길 수 있는 힘을 키워나가야 한다.

삶의 종착역에서 누구나 후회를 하게 된다. '이것 좀 해봤으면 좀 더 즐거웠을 텐데…', '일만 하지 말고 조금이라도 젊었을 때 가족과 여행을 하면서 좀 더 즐거운 삶을 살아야 했는데…' 등을 생각하게 된다.

청소년 여러분들이 실행에 옮길 수 있는 역량 범위 내에서 실행 가능한 진로목표와 계획을 세워야 한다. 청소년 여러분들은 어떤 삶을 살고 싶은가? 자신의 삶은 자신이 주도적으로 살아가는 것이다. 부모님이, 친구가, 옆에 있는 지인이 대신 살아주지 않는다. 진로목표와 중장기 계획도 청소년 여러분들이 스스로 계획하고 실행에 옮겨야 한다.

행복은 항상 우리 가까이 와 있다. 다만 그 행복을 우리는 알아채지 못하는 것일 뿐이다. 행복한 '백 세 인생'을 어떻게 설계할 것인가? 끊임없는 배움 활동과 긍정적인 생각 속에서 자신의 주체적인 삶을 만들어가야 한다. 여러분의 목표는 고등학교, 대학교가 목표가 아니다. 먼 미래의 꿈을 가지고 차근차근 단계를 밟아 나가야 한다.

매일 주어진 대로 살아가기보다는 하루 동안 할 수 있는 계획을 세워서 실행에 옮기는 습관들이 행복한 백 세 인생의 프로젝트를 이루어가는 힘이 되는 것이다. 모든 사람에게 기회는 똑같이 주어진다. 그렇지만 그 기회들을 어떻게 사용하느냐에 따라 청소년 여러분들의 인생은 천차만별 다르게 진행될 것이다.

지금 어떤 생각을 하고 있는가? 자신이 생각하고 있는 것을 세상 밖으로 펼쳐보려는 준비가 되어 있다면 용기를 내어 계획을 세우고 실천해보자. 여러분이 꿈꾸는 미래가 아름답게 펼쳐질 것이다.

214

6교시

진로에서
진학 찾기

"외교관이 되고 싶은데 고등학교를 어디로 가야 할까요?"

"공고에 가려는데 공고 졸업해서 취업하면 대학 졸업자와 봉급이 얼마나 차이가 나는지 궁금합니다."

"일반고와 특성화고 중에 어디로 진학해야 할지 고민입니다."

"해외 특파원이 되고 싶어서 외고에 가고 싶어요."

"웹툰이나 애니메이션에 관심 많은데 특성화 고등학교와 일반 고등학교 중에 어디로 진학해야 할까요?

"마이스터 고등학교로 진학하고 싶은데 통학 거리가 멀어서 기숙 생활을 해야 합니다. 그런데 부모님이 너무 보고 싶을 것 같아요."

"특수목적 고등학교와 일반 고등학교 중에 어떻게 선택해야 할지 모르겠어요."

"고등학교 입시가 얼마 안 남았는데 고등학교를 결정하지 못해서 고민입니다.”

"정확하게 꿈을 정하지 못한 상태에서 졸업 후 취업이나 할까 하고 공업계열 특성화 고등학교로 진학하려고 합니다. 공업계열로 진학하면 어떤 직업을 가질 수 있나요?"

중학교 학생들이 고등학교 진학을 앞두고 고민하는 문제들이다. 태어나서 많은 선택을 하면서 지금까지 생활해왔겠지만, 고등학교 진학 선택은 생애 가장 중요하고 처음으로 자신의 삶의 방향을 결정해야 하는 순간이다.

고등학교를 어떻게 선택하느냐에 따라 이후 생활이 달라지기 때문이다. 고등학교 유형도 다양해져서 선택의 폭이 넓어졌다. 일반 고등학교, 특수목적 고등학교, 자율 고등학교, 특성화 고등학교, 기타학교로 유형이 나누어진다.

특수목적 고등학교에는 과학 고등학교, 외국어·국제 고등학교, 예술·체육 고등학교, 마이스터 고등학교가 있고, 특성화 고등학교에는 직업 특성화 고등학교와 대안 특성화 고등학교 있다.

자율 고등학교에는 자율형 사립 고등학교와 자율형 공립 고등학교, 기타학교에는 대안학교, 영재학교, 방송통신 고등학교 등이 있다.

고등학교 유형이 다양해지면서 선택의 갈등도 더 많아지고 있는 것 같다. 고등학교 진학해서 적성이 안 맞아서 유형을 다르게 전학을 가는 사례들이 많다. 일반고에서 특성화고로, 특성화고에서 일반고로 전학하는 사례들이 아직도 많은 이유는 중학교

3년 동안 자신의 성향을 파악하지 못하고 친구 따라, 또는 성적에 맞춰 진학했기 때문이다.

고등학교 진학을 결정하기 위해서는 진로목표를 결정하고 진로와 관련 있는 고등학교로 진학하는 것이 최고의 선택이다. 그러나 진로목표가 있다고 해서 자신이 희망하는 고등학교로 모두 진학하지는 못한다.

고등학교 진학에 가장 커다란 영향을 미치는 조건은 성적이다. 중학교 3년간의 성적이 상위권이면 고등학교 선택의 폭이 넓어지고, 성적이 하위권이면 가고 싶어도 진학할 수 있는 고등학교 선택의 폭은 좁아지게 된다.

고등학교 입시뿐만 아니라 대학 입시에도 성적이 상급학교로 진학하는 데 중요한 요인으로 작용한다. 고등학교 생활은 대학 진학이나 취업 등 청소년 여러분들의 진로를 결정하는 데 큰 영향을 미치는 시기이므로 고등학교를 신중히 선택해야 한다.

고등학교를 선택하기 위해 고려해야 할 기준을 설정하고 그 기준에 맞게 평가해 올바른 의사결정을 해야 한다. 고등학교를 선택할 때 고려해야 할 사항은 다음과 같다.

첫째, 중학교 3년간의 학업 성적과 자신이 진학하고자 하는 고등학교에 입학할 수 있을지 점검해야 한다. 내신 성적은 교과 성적 출결, 봉사 활동, 그리고 자율 활동 등이 종합해 3년간의 석차 연명부가 작성된다. 교과 성적은 자유학기 제도로 2, 3학년 성적만 반영된다. 학업 성적을 향상시키기 위해서는 자기 주도 학습 능력을 키우는 데 있다.

둘째, 자신의 흥미와 적성에 맞는지 살펴야 한다. 일반 고등학교와 특성화 고등학교는 배우는 과목이 전혀 다르다. 진학하고자 하는 고등학교 교육과정이 자신의 성향과 맞는지 잘 살펴야 한다.

셋째, 희망하는 고등학교에서 어떤 방법으로 학생들을 선발하는지 입학전형을 잘 파악해야 한다. 고등학교 유형이 다양해진 만큼 입학전형도 학교마다 다르다. 학교마다 잘 살펴서 준비해야 한다.

넷째, 진학하고자 하는 고등학교의 대학 진학이나 취업 가능성을 점검해야 한다. 대학교 진학과 취업을 위한 프로그램들이 체계적으로 잘 갖춰져 있는지 살펴야 한다. 고등학교 진학도 내신 성적이 많은 부분을 차지한다. 학교에서 내신 관리뿐만 아니라 학교의 모든 활동에 적극적으로 참여해야 한다.

다섯째, 부모님과 주변 사람들의 조언을 듣는다. 특히 선배들의 조언은 고등학교 선택하는 데 도움이 된다.

여섯째, 통학 거리와 학교 시설에 대한 고려도 해야 한다. 통학 거리가 너무 멀면 3년간 길거리에 버려지는 시간은 상상을 초월한다. 왕복 1시간이 걸린다고 생각해봐라. 1시간이 모여서 3년간 얼마나 많은 시간이 길거리에서 소비되는지 생각해봐야 한다. 단, 같은 유형의 고등학교 선택 시 고려해야 한다.

218

중학교 3학년이 되어서야 고등학교를 고민하기보다는 중학교 1학년부터 관심을 가지고 3년간 준비해야 한다. 자신이 부족한 점을 잘 파악해서 성적, 동아리 활동, 봉사 활동, 진로 활동, 독서 활동, 자기소개서 작성 등 영역을 구분해 점검하고 자신의 역량을 키워가야 한다.

1학년 때는 자유학기 프로그램에 적극적으로 참여하면서 자신의 성향을 파악하는 데 주력해야 한다. 그리고 진로목표를 설정한 후 대학교 학과, 고등학교 유형을 선택해서 관련된 고등학교로 진학하기 위한 성적 및 비교과 영역에서 다양하게 활동해야 한다.

중학교 3학년 때는 고등학교를 실제로 선택해야 한다. 고등학교 선택이 어려울 경우에는 주변에 있는 유형별 고등학교나 자신이 가고자 하는 고등학교를 3~4개 정도 선택한다. 선택된 고등학교를 노트에 적고 자신 나름대로 위에 제시된 고려요인을 가지고 점수를 매겨본다.

요즘은 고등학교에 방문 신청을 하면 자유롭게 자신이 원하는 정보를 얻을 수 있다. 진학하고자 하는 고등학교들을 직접 방문해서 궁금한 것들을 질문해보고 수업 분위기나 학교 분위기, 진학이나 취업을 위한 실제적인 사례들을 살펴봐야 한다.

학교를 방문할 때는 친구들과 가는 것도 좋지만 부모님과 같이 가서 자세하게 살펴보는 것이 좋다. 교육부가 운영하는 학교 알리미 사이트를 통해서도 학교에 대한 좀 더 자세한 정보를 얻을 수 있다.

학교 분위기는 학교 주변 사람들의 이야기를 들어봄으로써 파악할 수 있다. 실내에서 인터넷을 통해 정보를 얻기보다는 직접 방문해보고 상담을 통해 파악해야 실패할 확률이 줄어들게 된다.

고등학교 선택이 최종 목표가 되어서는 안 된다. 고등학교를 잘못 선택했다고 해서 실패자가 아니다. 잘못 선택했으면 어떻게 풀어가야 할지를 생각해야 한다. 고등학교 선택은 앞으로 살아가는 인생 중에서 시작일 뿐이다.

고등학교를 잘 선택해서 자신의 진로목표를 향해 질주할 수도 있지만, 진로목표를 이루기 위해 하나의 길만 있는 것은 아니다. 여러 갈래 속에서 자신이 가고 싶은 길로 가면 되는 것이다.

진학이 코앞에 다가왔으면 남은 기간 자신이 가지고 있는 부족한 점을 어떻게 극복하고 보완해서 실천해나갈 것인지 세부계획을 세워서 꾸준히 실천해나가야 한다. 지금까지도 중요하지만, 앞으로 남아 있는 미래에 어떻게 준비하고 실천하는 습관을 가질 것인지가 더 중요하다.

고등학교를 선택했다면 입학 전 부족한 과목을 공부하고 자신이 가지고 있는 단점은 보완해나가고, 장점은 더 적극적으로 살리면서 고등학교 입학을 준비해야 한다. 청소년 여러분들의 최종목표는 고등학교나 대학교 진학이 아니라는 점을 알아야 한다.

청소년 여러분들의 진로목표를 이루고 꿈 너머 꿈을 이루어가는 과정 속에 고등학교와 대학교가 있는 것이다. 스스로 진로목표 계획을 세우고 꿈을 이루기 위해 배워야 할 것들을 정리해나가면서 자신의 성향에 맞는 진학을 선택해야 한다.

진로장애물
극복하기

"대학교 입시에 수시전형과 정시전형이 있는데, 이번에 봉사활동 점수만 가지고 대학교 들어간 너희들 선배가 있다는구나. 3년간 1,000시간 가까이 봉사를 했다고 해. 이렇게 요즘에는 잘할 수 있는 것 하나만 잘해도 대학 갈 수 있는 경우가 있지."

2학년 도덕 수업 중에 대학교 관련 이야기를 했다. 30여 명의 아이들은 그저 놀라기만 했지만, 갑자기 눈망울이 초롱초롱 빛나는 아이가 있었다. 은규는 학교생활도 잘하고 착하고 친구들과도 원만하게 잘 지내는데 공부하는 만큼 성적이 나오지 않는 아이다.

아이들을 좋아하고 아이들을 데리고 놀아주는 것을 즐겨하는 은규의 꿈은 아동복지 관련 학과를 졸업해서 유치원교사나 사회복지사가 되는 것이다. 유치원교사나 사회복지사가 되기 위해서는 대학교를 졸업해야 하는데, 은규 앞을 가로막고 있는 장애물은 학습능력이었다.

은규는 공부 방법을 고민하기보다는 자신이 좋아하는 봉사를 많이 해서 대학을 진학하려고 생각했다. 지자체가 운영하는 청소년수련관 봉사 활동 프로그램에 참여하면서 중학교 졸업하기 전까지 매년 100시간 넘는 봉사를 했다. 2학년, 3학년 연속 학교장이 주는 봉사상을 받게 된다.

은규는 일반 고등학교 진학을 해서도 봉사는 멈추지 않고 학력 신장을 위해서도 방과 후에 학교에 남아 늦게까지 자율학습에 참여했다. 은규의 봉사 정신과 학교에서의 동아리 활동은 대학을 수시로 진학할 수 있게 해줬다.

지역사회에서 매년 진행되는 봉사캠프에 카메라를 들고 다니면서 꾸준하게 봉사에 참여하는 은규를 만나게 된다. 아동복지학과에서 공부도 열심히 하면서 자신의 꿈을 만들어가는 은규를 보면서 어떠한 어려운 상황에서도 꿈을 포기해서는 안 된다는 점을 새삼 느끼게 된다.

누구나 자신이 이루고자 하는 목표를 향해 달려가다가 보면 장벽에 부딪히게 되기도 한다. 자기이해 부족, 진로정보 부족, 자신감 부족, 신체적 장애, 부정적 사고, 경제적 어려움, 부모와 갈등, 고정관념과 편견 등 개인적 사회적 요인으로 순탄하게 목표를 향해 나아가지 못하게 된다. 은규가 성공할 수 있었던 것은 자신감과 긍정적 사고, 그리고 자기 자신을 너무 잘 이해하고 있었기 때문이다.

222

C출판사에서 2015 교육과정 《진로와 직업》 교과서 집필 섭외 전화가 왔다. 책을 써 본 적도, 글을 써 본 적도 없었지만, 흔쾌히 집필에 참여했다. 집필하는 과정에서 자신감과 긍정적인 자세는 충만했지만, 다른 집필자들보다 대학교 레벨과 교육 경력이 그리 많지 않다는 점이 나의 발목을 잡고 있었다.

　교과서가 완성되고 맨 뒤에 교사 약력을 기재하는 공간에도 대학교 졸업은 빼고 최종학력만 넣자고 강력히 주장해서 내 의견대로 집필자 약력을 표시했다. 주변 사람들은 별로 중요하게 생각하지 않는 문제일 수 있지만 A대학교 행정학과를 나왔다는 사실은 주변 사람들에게 알려지는 것이 싫었다.

　더군다나 전국으로 배포되는 교과서에 A대학교 출신이라는 것을 밝히고 싶지 않았던 내 심리적 갈등이었다. 밝히지 않는 이유는 내 자신이 A대학교를 창피하게 생각하기 때문인 것 같다. 지금까지도 모든 것은 밝히면서 남들 앞에 당당하게 어느 대학교를 졸업했는지는 이야기하지 않고 있다. 교과서를 집필하는데 대학교를 어디 나왔는지는 중요하지 않다. 내가 심리적으로 장벽을 만들고 있는 것이다.

　《진로와 직업》 교과서는 잘 완성이 됐고 2018년 1학년부터 사용되고 있다. 진로 장벽은 때로는 꿈을 만들어가는 데 방해가 될 수도 있고 행동에 제약을 줄 수도 있지만, 다르게 생각해보면 더 나은 목표점에 도달하기 위해 자신을 뒤돌아보고 합리적으로 올바르게 선택할 수 있는 계기가 되기도 한다. 어떤 자세로 어떤 마음으로 진로장벽을 맞이하느냐가 중요한 것 같다. 진로장애물을 극복하는 방법을 소개해볼까 한다.

첫째, 긍정적인 사고와 돌파할 수 있다는 자신감, 실행력이 필요하다. 우선 내 앞에 닥친 문제가 무엇인지 파악해서 직접 부딪혀나가야 한다. 나를 괴롭히고 있는 문제나 장애물을 피한다고 해결되지 않는다. 일단 행동으로 부딪쳐보고 극복 방안을 찾아야 한다.

은규는 자신의 장애물을 고등학교 3년 동안 자율학습 활동에 참여하면서 스스로 학습 능력을 향상시키려고 노력했기에 희망하는 대학교 아동복지학과에 진학할 수 있었다. 우리는 갈등을 피하고 불편한 관계를 맺지 않으려고 하는 경향이 많다. 직접 부딪히지 않고 피하기만 한다면 평생 가슴앓이로 남을 수 있다.

둘째, 자신이 잘할 수 있는 것을 찾아서 잘하는 것에 집중해야 한다. 은규는 자신이 가장 잘하는 봉사 활동에 학창시절의 대부분을 보냈고 군대에 다녀온 후에도 계속 대학교 봉사동아리에서 활동하며 자신이 최고로 잘할 수 있는 분야에서 최고가 되어가고 있다.

잘하는 것을 찾기 위해서는 흥미검사, 적성검사, 성격검사를 통해 자신의 성향을 이해하고 관심 있는 분야 동아리 활동과 진로직업체험을 적극적으로 참여함으로써 잘하는 것을 스스로 깨우쳐야 한다. 수업시간에도 집중해서 어느 교과목에 흥미와 적성이 있는지 파악하는 노력이 필요하다. 잘하지 못하는 것을 잘

224

하려고 집중하기보다는, 잘하는 것을 찾아 더더욱 발전시켜나
가야 한다.

셋째, 주변 사람들의 평가에 심적으로 부담을 갖지 말자. 교과
서 집필과정에서나 미준사 외부활동, 컨설팅을 하는 과정에서
영어 실력은 나를 의기소침하게 만든다.

다른 장벽들은 모두 극복할 수 있는데 영어 실력은 극복할 수
없는 문제다. 회의에서도 영어가 나오면 꿀 먹은 벙어리로 앉아
있다. 강의 들으러 갔는데 강사가 PPT 자료를 영어로 준비했을
때 속으로 씩씩거리며 집중해서 들었다. 내가 영어 실력이 낮다
고 주변 사람들은 아무도 관심 두지 않을 텐데 나 스스로 장벽
을 만들고 있는 것이다.

이렇게 주변을 의식하게 되면 심적으로 피곤함을 느끼게 된
다. 나도 주변 평가에 신경을 쓰면서 대부분 살아왔던 것 같다.
학교에서 매년 실시되는 교원평가에도 초창기에는 무척 신경
썼다. 나는 책을 읽고 매일 자존감을 높이기 위해 노력했기에 지
금은 주변 평가에 관심도 갖지 않는 단계까지 왔다.

이 세상에 진로장벽 없이 성공한 사람은 없다. 성공했다고 하
는 사람들이나 우리 주변 모든 사람에게는 하나 또는 서너 개
의 밝힐 수 없는 장벽이 있다. 그 장벽을 어떻게 깨부술 것인가
의 마음 자세가 성공하는 길로 인도할 수도 있고, 다른 길로 인
도할 수도 있다.

주변에서 하는 조언에 귀를 기울이면서 받아들일 것은 받아들이고 버릴 것은 과감히 버리면서 자신의 역량을 개발해나가야 한다. 누구나 쉽게 할 수 있는 방법이지만 아무나 할 수 있는 방법은 아닌 것 같다. 현대 기업 창업주인 故정주영 현대그룹 명예회장은 직원들에게 "해보기나 했어?"라는 질문을 많이 했다고 한다. 무언가 새로운 것에 대해 해보지도 않고 미리 장벽을 세운다면 돌파할 수 있음에도 불구하고 돌파할 수 없다. 나도 수업시간에 아이들에게 많이 사용하는 질문이다. "너희들 해봤니?", "코피 날 정도로 공부해봤니?"

진로목표를 설정한 다음 목표 달성에 방해가 되는 내적요인과 외적요인을 노트에 적고 원인을 파악해서 장벽을 깨부수는 방법들을 스스로 찾아야 한다. 실패를 정직하게 성찰하며 자신이 좋아하는 것을 끝까지 포기하지 말고 도전하는 정신과 진로목표를 달성할 수 있다는 용기를 가지고 추진력 있게 밀고 나가야 한다.

진로목표를 세울 때 주의할 점도 있다. 좋아하는 것을 모두 잘할 수는 없는 것이다. 음악 듣기를 좋아한다고 모두가 가수가 될 수는 없다. 축구를 좋아한다고 해서 모두가 축구선수가 될 수도 없다. 태어나면서 가지고 있는 끼와 재능이 있어야 가질 수 있는 것들이 있다.

자신이 만들어가는 꿈을 이루기 위해 앞에 서 있는 장벽을 어떻게 넘어갈 것인가. 진로장벽을 넘기 위한 시작은 자신의 맘속에 있는 장벽부터 허물어버리는 것이다.

미래에 대한 불안감이 생길 때마다 큰소리로 외쳐보자.

"나는 얼마든지 장벽을 넘어서 내 꿈을 이룰 수 있다!"

진로비전보드 만들기

폴 J 마이어는 "생생하게 상상하라, 간절하게 소망하라, 진정으로 믿어라, 그리고 열정적으로 실천하라, 그리하면 무엇이든지 반드시 이루어질 것이다. 모든 것을 실현하고 달성하는 열쇠는 목표 설정이다. 내 성공의 75%는 목표 설정에서 비롯되었다. 목표를 명확하게 설정하면 그 목표는 신비한 힘을 발휘한다"라고 했다.

27세의 젊은 나이로 백만장자가 됐던 폴 J 마이어는 대학을 중퇴하고 보험 세일즈를 시작했다. 처음에는 힘들고 고달팠지만, 그 역경을 이겨내고 보험 세일즈의 신화가 됐다. 그의 성공 비결은 보험 세일즈맨의 최고가 되겠다는 목표가 명확했고 여러 장애를 만났지만, 자신은 목표를 이루기 위해 실천 계획을 장기와 단기로 나누어 체계적으로 세우고 실행에 옮긴 데 있다.

폴 J 마이어는 '목표'를 중요시했고 목표를 이루기 위해 진로

228

비전을 구체화하고 그 달성 시한을 정하면서 불가사의한 힘을 발휘하게 된다. 폴 J 마이어는 자신의 수입 50%을 사회에 기부하면서 나눔 속에서 행복을 찾아가는 모범을 보이기도 했다.

'비전(vision)'의 사전적 의미는 시력, 눈, 시야, 환상, 상상, 환영, 내다보이는 장래의 상황 등이다. 진로목표를 세우고 진로탐색을 통해 진로목표를 구체적으로 정리하고 체계화해 "나는 ○○이 되겠다"라고 선언하는 것이다.

즉, 비전이란 현재의 가능성을 가지고 미래를 상상하는 것이다. 대부분의 사람들은 다양한 방식으로 비전을 세운다. 매년 새해 첫날 1년 계획을 세우기도 하고 매달 1일에 1개월의 비전을 세우기도 한다. 우리가 진로 비전을 세워야 하는 이유는 비전 선언이 긍정적이고 강력한 희망 에너지를 주기 때문이다.

비전을 세우고 실천으로 옮기는 사람들은 수동적으로 삶을 살아가는 것이 아니라 자신의 목표를 만들어서 제시하고 그 목표를 이루기 위해 주도적·적극적·열정적·진취적으로 살아가려 한다. 비전은 개인뿐만 아니라 기업과 정부 등에서도 필요하다.

리츠칼튼 호텔의 비전은 "고객의 기대를 넘은 선, 그곳에 감동이 있다. 호텔을 제2의 집으로 꾸미자"이고, 디즈니랜드 기업 비전은 "나와 내 아이들이 함께 즐길 수 있는 공원을 만들자. 그곳은 지구에서 가장 행복한 장소가 될 것이다"이다.

비전은 개인이나 기업과 정부가 발표하는 단기간에 이루기 위한 꿈이나 목표가 아니다. 우리가 살아가는 동안 추진해나가야 할 미래상이다. 그 최종 목표를 이루기 위해 추진해나가는 방향이라고 할 수 있다. 자신의 진로비전보드를 만듦으로써 진로목표를 구체화시키고 자아실현을 이룰 수 있는 믿음을 갖게 되는 것이다.

진로탐색 활동을 정리하고 미래 자신의 모습을 상상하며 아바타를 구체적으로 그려나간다. 미래 자신이 되고 싶은 역할 모델의 이미지를 찾아보고 상상기법으로 꿈을 표현해야 한다.

세계 최강으로 군림하고 있는 우리나라 양궁선수들을 보면 실제 경기장에 도착하기 전에 이미지 트레이닝으로 자신이 그 경기장에서 어떻게 경기할 것인가를 무수히 반복 훈련한다고 한다. 이처럼 자신의 진로목표를 향해 생생하게 이미지 트레이닝을 해 꿈이 담긴 진로비전보드를 만들면 된다.

진로비전보드를 만들기 위해서는 우선 진로비전을 세워야 한다. 진로비전은 자신이 장래에 되고 싶은 직업 목표를 의미한다. '나는 어린이에게 희망을 주는 간호사가 되겠습니다' 진로비전을 선언하고 간호사가 되어야 하는 이유, 그리고 간호사가 된 이후의 삶의 방향을 정해야 한다.

간호사 직업 세계에서 자신이 따라가고 싶은 롤모델을 설정하고 단기·중기·장기 계획을 구체적으로 세워서 이미지로 표현해야 한다.

'나는 B고등학교에 들어가 내신 성적을 2등급 이내로 유지하

고 병원에서 어린이를 돌보는 봉사하는 경험을 쌓겠다.'

'2025년에는 D대학 간호학과를 졸업하고 실력 있는 간호사로 인정받겠다.'

'2035년에는 수간호사가 되어 후배에게 존경받는 간호사가 되겠다.'

'어린이 환자들에게 희망을 주는 의학 전문기자로 봉사하겠다' 등으로 구체적으로 계획을 세워야 한다. 그리고 미래 간호사가 된 자신에게 격려 편지까지 쓰는 활동을 통해 자신의 진로목표를 구체화시킬 수 있다.

진로비전보드를 만드는 것으로 끝나는 것이 아니다. 우리는 새해 첫날 무수히 많은 계획을 세운다. 작심삼일이라는 말이 있듯이 자신이 세운 계획을 실천해 옮기는 사람은 그리 많지 않다. 작심삼일 하는 사람과 그렇지 않은 사람의 차이는 무엇일까?

스탠퍼드 대학교 심리학과 교수인 드웩(Dweek Carol)은 "그것은 단순한 1만 시간을 투입하는 것이 아니라 1만 시간 동안 익숙해서 자신이 요령을 부릴 수 있는 그런 '컴포트 존(comfort zone)'에서 벗어나 매진하는 것이다. 또한, 1만 시간 동안 자신의 약점을 체계적으로 파악하고 1만 시간 동안 장애물과 마주하는 것이다"라고 말한다. 1만 시간의 법칙은 자신이 좋아하고 관심 있는 분야에서 1만 시간을 투자하면 그 분야 최고의 전문가가 될 수 있다는 법칙이다. 우리가 성공하고 실패하는 차이는 목표 달성을 위해 1만 시간을 어떻게 활용하느냐에 달려 있는 것이다.

자신이 선언한 진로비전을 성공하려면 1만 시간의 시간을 어떻게 활용해야 할지 고민해야 한다.

첫째, 주변 사람들의 목표가 아닌 자신만의 절대적인 목표여야 한다. 자신의 진로탐색을 통해 성향을 파악하고 잘할 수 있는 것, 하고 싶은 것들을 파악하고 다른 사람들과 차별화된 자신만의 목표가 설정되어야 한다.

둘째, 부정적인 표현보다는 긍정적인 언어로 적어야 한다. 성공한 사람들의 공통점은 부정이라는 단어를 사용하기보다는 긍정적인 생각으로 긍정적으로 행동했다는 점이다. 비전 선언은 긍정적인 언어로 표현해야 한다.

셋째, 목표는 글로 구체적으로 적어야 한다. 생각 속에 있는 목표들을 구체화시켜서 이미지화할 수도 있고, 글로 표현할 수도 있다. 글로 표현해 눈에 잘 띄는 곳에 걸어두고 매일 매일 읽어봄으로써 흐트러지는 마음가짐을 바로 잡을 수 있다.

넷째, 추상적인 목표보다는 세부적으로 현실적으로 실행 가능한 것들 중심으로 적는다. 매 순간 계획했던 목표들을 하나둘 실천해나가야 한다. 그러기 위해서는 계획들이 세부적으로 실행에 옮길 수 있는 것들로 짜여 있어야 한다.

다섯째, 진로 비전 목표를 이루기 위해서는 많은 시간이 필요하다. 지금 현실에 안주해서는 이룰 수 없다. 끊임없이 목표를 이루겠다는 각오와 자기 변화를 위해 노력해야 한다. 평생 관심을 가지고 새로운 것들을 적극적으로 습득해나가면서 자신의 진로목표를 수정·보완해야 한다. 머릿속으로 계획을 세웠을 때와 비전보드에 작성해서 벽에 붙여놓고 매일 읽으면서 새로운 각오를 다졌을 때의 차이는 매우 크다.

시작이 반이라는 말이 있다. 진로비전보드를 만들고 매일 꾸준히 선언한다면 꿈의 반은 이루어진 것이다. 진로비전보드를 가장 잘 보이는 위치에 걸어두고 매일 간절히 시각화하자. 꾸준한 자기 암시를 통해 자기 확신을 가지자. 아마도 놀라운 일이 펼쳐질 것이다.

chapter

05

융합의 시대,
멀티형 인재로
거듭나라

청소년을 위한 진로멘토링 38

청소년을 위한
진로멘토링
38

4.0 시대 부모는
무엇을 고민해야 할까?

첫째 아이는 사사건건 엄마랑 부딪혔다. 중학교 시작부터 고등학교 졸업할 때까지의 6년은 말 그대로 전쟁이었다. 첫째 아이와 아내의 갈등은 집안 분위기뿐만 아니라 동생인 둘째 아이에게도 영향을 줬다. 사춘기를 요란스럽게 보내게 되면서 아내는 우황청심환 먹는 일이 많아질 수밖에 없었다.

지금에 와서는 자신이 왜 첫째 아이를 그리도 몰아붙였는지 모르겠단다. 아들에 대한 목표치는 높은데 첫째 아이는 그 목표에 미치지 못하니 스스로 많이 화가 났었다고 한다. 왜 아이들을 야단치지 않느냐는 아내의 잔소리에 나는 조용히 한마디만 했다.

"부모가 올바르게 살아가면 아이들은 따라오게 되어 있어. 지금 잠깐 방황하는 것뿐이야. 언젠가는 다시 제정신 차리고 돌아올 거야."

그 당시 내 이 한마디는 아내를 더 화나게 했다. 내가 너무 태평하고 대수롭지 않게 첫째 아이의 사춘기를 바라보는 것처럼 보였기 때문이리라. 지금도 이 생각은 변함이 없다. 학부모 상담을 할 때도 부모의 생활들을 점검하게 한다.

중국 고서인 《대학》 6장에 증자는 "사방에 눈이 있어 나를 지켜보고 있고, 사방에 손이 있어 나를 가리키고 있으니 이 얼마나 두려운 일인가?" 즉, 자녀가 없는 곳에서도 부모의 행동은 자녀가 안다는 의미다. 어느 순간 자녀들에게 보여주지 않은 행동을 자녀들이 할 때 소스라치게 놀란 경험들이 있을 것이다. 자녀는 부모의 거울이라고 했다. 자녀들이 보지 않는다고 아무 행동이나 해서는 안 된다는 것이다.

빠르게 변화하고 있는 이 시대에 부모는 자녀 교육을 어떻게 시킬 것인가? 아니, 무엇부터 해야 할까 고민해봐야 한다. 부모의 생활 태도는 기본이고 하지 말아야 할 것부터 가르치고 해야 할 일을 가르쳐야 한다.

《명심보감》 〈계선 편〉에는 '돈을 모아서 자손들에게 물려준다고 해도 자손들이 그 돈을 잘 지켜내지 못한다. 책을 모아서 자손들에게 남겨준다 해도 자손들이 그 책을 다 읽지 못한다. 남몰래 착한 일을 많이 쌓아 자손을 위한 앞날을 계획하는 것이 훨씬 더 낫다'고 말하고 있다. 예부터 자식들에게 물려줘야 하는 것들은 재물 등 물질적인 것보다 사람됨의 중요성을 강조하고 있다.

나는 방학이 되면 아이들과 어머니, 아버지를 모시고 여행을 자주 다녔었다. 어려서부터 할머니, 할아버지를 자주 만나게 된 아이들은 시골에 가도 할머니, 할아버지를 잘 따랐다. 몇 년 전 어머니가 치매로 요양병원에 계셨을 때도 어머니를 모시고 식사를 같이하면 첫째 아이는 할머니 옆에 앉아서 고기를 상추에 쌓아서 할머니 입에 넣어드렸다.

큰 누나는 손자, 손녀 중에 일재처럼 할머니에게 살갑게 대하는 애가 없었다고 하면서 첫째 아이를 칭찬했었다. 어려서부터 할머니, 할아버지와 같이 다녔던 여행들이 아이들로 하여금 할머니를 잘 따르고 사랑하는 마음을 깊어지게 했음을 알 수 있다. 첫째 아이의 제대 말년, 할머니가 돌아가셨는데 손주들 중에 가장 많이 울고 슬퍼했다.

부모들이 가장 먼저 가르쳐야 할 것은 착한 심성, 올바른 성품이다. '판사 집안에 판사가 많이 있고, 도둑 집안에 도둑이 많다'라는 속담이 있다. 인간의 성품은 어느 순간에 생기고 바뀌지 않는다. 태어나서 자라나면서 부모의 행동과 말투를 보면서 배우게 되는 것이다. 긍정적인 부모 아래에서 아이는 긍정적으로 성장할 것이고, 욕하고 매사 부정적인 부모 아래에서 아이는 부정적인 시각으로 세상을 살아가게 된다.

부부간의 태도, 부모에게 대하는 태도, 형제자매에게 대하는 태도, 주변 사람들에게 대하는 태도 등이 중요한 이유다. 올바른 심성을 가진 아이로 성장시키기 위해서는 가정에서부터의 올바른 교육이 우선되어야 한다. 즉, 부모의 행동 하나하나가 자녀를 올바른 심성을 갖추게 하고 따뜻한 마음을 가지게 된다. 올바른 심성, 착한 심성은 급변하는 4차 산업혁명 시대에 반드시 갖춰야 할 태도다.

자녀들의 꿈을 적극적으로 믿고 지지해줘야 한다. 부모의 말 한마디는 평생 자녀 가슴에 씨앗으로 자라게 된다. 자녀들에게 절대로 하지 말아야 할 말들이 있다. 자녀들 앞에서는 인간이 가지고 있는 감정, '분노', '두려움', '즐거움', '걱정'을 잘 표현할 줄 알아야 한다.

아이들은 세상을 살아가면서 두려움과 걱정을 많이 하게 된다. 두려움과 걱정하는 마음을 잠재우고 실패해도 다시 일어날 수 있는 마음을 갖게 하는 것이 부모의 역할이다. 운전하다가 옆 차선에 있는 차가 갑자기 끼어든다든지, 앞차가 느리게 간다든지 하면 창문을 열고 분노를 표출하는 운전자들을 볼 수 있다. 차 안에는 어린 자녀들이 타고 있는데도 말이다. 또한, 자녀 손을 잡고 가면서 쓰레기를 아무 데나 버린다든지, 부정적인 언어와 심한 말로 주변 사람들과 다투는 모습도 가끔 보게 된다.

그렇게 자신의 분노를 참지 못하고 욕설로 심하게 표출하는 모습을 자녀는 어떻게 받아들일까? '다른 사람들이 나에게 피해를 주면 저렇게 분노를 표출하는 거구나'라고 자녀의 가슴 깊이 새기게 되는 것이다. 분노, 두려움, 즐거움, 걱정하는 마음은 누구나 가지고 있는 인간의 감정들이다. 이러한 감정들을 어떻게 주변 사람들에게 상처 주지 않고 표출하느냐는 자녀에게 가장 큰 교육이 된다.

240

어려서부터 청소년들은 많은 꿈을 꾸고 그 꿈들을 이루려고 노력한다. 청소년들이 가지고 있는 꿈을 부모가 지지해주지 않으면 자신들의 꿈을 만들어가지 못하게 된다. 부모가 모든 것을 다 해주게 되면 아이들은 스스로 성장하지 못한다. 잔소리도 적절하게 하면서 아이들이 작은 일들을 스스로 성공해나가는 희열을 갖도록 부모는 옆에서 지원해줘야 한다.

부모의 부정적인 반응은 자녀들이 자신의 꿈을 만들어가는 데 걸림돌이 된다. 경제적 지원이 아니라 스스로 힘을 키우고 성장해나갈 수 있는 따뜻한 말 한마디와 진심이 담긴 걱정과 사랑하는 마음으로 바라봐줘야 한다. 가족의 따뜻한 사랑이 청소년들이 험난한 세상을 살아가는 데 긍정적인 마음의 자세로 나아가게 하는 힘이 된다.

대가족제도에서 핵가족화 시대로 변하고 있고 가정마다 자녀들이 한 명 또는 두 명인 경우가 대부분이다. 아이들의 숫자도 급격하게 줄어들고 있는 시점에서 잘 키우고 성공시키고 싶은 것은 어느 가정이나 똑같다.

4.0 시대 부모는 자녀의 성공을 위해 무엇을 고민해야 할까?

첫째, 자존감이 높은 자녀로 키워야 한다. 자존감이 높은 사람은 세상을 살아가는 데 실패해도 다시 일어설 힘을 가지고 있다.

둘째, 올바른 습관을 갖도록 해야 한다. 독서 습관, 자기주도 학습 습관, 시간을 지키는 습관 등 일상생활 속에서 긍정적이고 정신적으로 건강한 자녀로 키우기 위해서는 올바른 습관을 지녀야 한다.

셋째, 봉사와 배려하는 마음을 갖도록 키워야 한다. 사회 구성원들끼리 의사소통하고 배려하면서 살아갈 수 있는 자녀로 키워야 한다. 가정에서부터 가족 간에 배려하고 존중하는 행동들이 봉사와 배려할 줄 아는 자녀로 성장하게 된다.

넷째, 올바른 가치관을 형성하도록 해야 한다. 남을 배려하지 않고 자신의 욕심만 채우려는 잘못된 가치를 중요하게 생각하기보다는 공동체 속에서 공감하고 나눌 줄 아는 자녀로 키워야 한다.

다섯째, 비판적 사고 역량을 갖추도록 해야 한다. 비판적 사고 역량을 갖추기 위해서는 읽고, 쓰고, 생각해야 한다. 자신의 주장을 이야기할 힘을 키워줘야 한다.

여섯째, 미래사회를 주도하는 인재는 창의성 능력, 의사소통 능력, 협업 능력을 갖춰야 한다. 이러한 역량은 가정에서부터 시작되어야 한다.

미래 시대는 인간다움, 감성, 정신적 건강이 매우 중요하다. 4.0 시대에 적응하고 성공하는 자녀가 되기 위해서는 지식도 중요하지만, 공동체 속에서 잘 적응하고 소통하며 자신의 역량을 키워나갈 수 있어야 한다. 자신의 미래를 스스로 개척해나갈 수 있도록 정서적으로 지지하고, 자녀의 잠재력을 믿고 기다려주자. 융합의 시대, 4.0 시대를 이끌어나갈 주역이 될 우리 아이들의 모습을 기대하면서 말이다.

공부의 프레임을
바꿔라

"선생님, 일반 고등학교에 진학해야 해서 공부를 해야겠는데, 지금 당장 노는 게 더 재미있어서 공부에 집중이 안 돼요. 어떡하죠?"

매년 학기 초 중학교 3학년이 된 아이들이 가진 공통된 고민이다. 3학년이 되었으니 고등학교는 진학해야겠고, 특성화 고등학교를 가려니 특별히 잘하는 것은 없고, 일반 고등학교에 진학하자니 공부가 안 되어 있고, 공부하자니 지금의 즐거움을 단절시킬 수 없는 상황인 것이다. 시험 때만 반짝 3주 공부해서 좋은 성적이 나오지는 않는다. 수업시간에 집중하지 않고 학원도 가방만 대충 메고 다니다 보니 시험 결과가 좋게 나올 수가 없다.

초등학교 때 우수했던 성적이 중학교 진학해서 하위권을 벗어나지 않는 것은 나름대로 이유가 있는 것이다. 중학교에 왔으면 중학생다운 공부를 해야 하는데 초등학교 때의 공부 방법을 벗어나지 못했기 때문이다.

상위권인 친구를 보면 시험을 앞두고 별로 공부하는 것 같지 않은데 자신보다 성적이 잘 나오는 것에 대해 자신감을 상실하게 된다. 그 친구의 공부 방법을 눈여겨봐도 특별히 자신보다 더 나은 방법이 없는 것 같기도 하다. 하지만 성적이 상위권인 친구는 무언가 다른 점이 있다. 머리가 좋아서 잘하는 것이 아니다. 자신은 머리가 나빠서 공부를 열심히 해도 성적이 낮게 나오는 것이 아니다.

어려서부터 체계적으로 자신만의 공부 방법을 가지고 노력한 학생과 시험 때만 되면 3주간 반짝 공부한 학생과는 엄연히 성적이 다르게 나올 수밖에 없다. 공부는 습관적으로 해야 한다. 꾸준하게 뇌를 활성화시켜주고 공부하는 뇌로 바꾸어주려는 노력이 필요하다.

히로나카 헤이스케는 "사는 것은 배우는 것이며, 배움에는 기쁨이 있다. 사는 것은 또한 무언가를 창조해나가는 것이며, 창조에는 배우는 단계에서 맛볼 수 없는 큰 기쁨이 있다"고 말한다. 히로나카 헤이스케는 어린 시절 공부를 잘하는 소년은 아니었지만, 배움의 기쁨을 매 순간 느끼며 하버드에서 박사학위를 따고 수학의 노벨상이라는 필즈상까지 받게 된다. 히로나카 헤이스케 박사는 매 순간 배움 속에서 기쁨을 찾았다고 한다.

공부는 시험 잘 보기 위해서, 명문대학에 입학하기 위해서, 특수목적 고등학교에 진학하기 위해서, 대기업에 취업하기 위해서 하는 것이 아니다. 대학교, 특목고, 취업은 꿈을 이루기 위한 수단이지 최종 목적이 아니다. 대학교까지 죽어라고 공부해놓고 취업하게 되면 지쳐서 더 이상 공부하려 하지 않는 경우가 많이 있다.

공부하는 이유는 삶을 살아가면서 그 사회 속에서 살아가는 지혜와 사람 사는 방법을 배우는 것이다. 내 꿈을 이루기 위해 우리는 공부를 하는 것이다. 공부를 왜 해야 하는지, 청소년들은 다시 한번 생각해봐야 하는 문제다.

인간은 누구나 게으르다. 환경에 적응하면 더 이상 변화하려 하지 않는다. 뇌가 편안함에 익숙해져 있기 때문이다. 공부도 습관이다. 매일 매일 일정 부분 습관적으로 배워나가야 한다. '나는 왜 공부를 해야 하는가?'라는 질문을 스스로 묻고 답해야 한다. 공부는 자신의 꿈을 만들어가는 데 영양분이기 때문이기도 하다. 지금까지 자신의 공부 습관을 재점검하고 새로운 공부 프레임으로 바꿔야 한다.

켄 베인 교수는 《최고의 공부》에서 "습관적으로 생각하고 행동한다. 배움이란 정신 속에 뿌리 깊게 박혀 있는 버릇들을 벗어 던지는 것이다. 그러기 위해서는 스스로를 밀어붙이고 도전을 멈추지 않으며, 의문을 던지고 노력해야 한다"라고 했다.

공부도 습관이다. 공부하는 뇌 구조로 변화시켜나가라. 그러기 위해서는 매일 매일 조금씩 공부하는 습관을 가져야 한다.

중학교 졸업 당시 석차연명부 성적이 100등 아래였던 학영이는 일반 고등학교 진학해서 고등학교를 7등으로 졸업하게 된다.

중학교에 공부의 필요성을 느끼지 못했지만, 고등학교 진학해서는 공부의 즐거움을 찾았던 것이다. 고등학교 3년 동안 자율학습실에서 스스로 하는 공부를 습관화했고 수업시간에도 맨 앞에 앉아서 집중했다고 한다. 노는 데 즐거워했던 뇌가 공부하는 뇌로 변화된 것이다. 누구나가 학영이처럼 될 수 있다.

공부가 즐거워지려면 어떻게 해야 할까? 공부에서 즐거움을 찾는 뇌로 변화시키려면 어떻게 해야 할까?

수업시간에 집중하고 수업 활동에 적극적으로 참여한다. 적극적으로 참여하다 보면 평소 느끼지 못했던 새로운 것을 발견하게 된다. 몸이 스스로 수업에 집중할 때까지 의도적으로라도 집중하는 연습을 한다. 수업에 참여할 때는 노트와 필기도구를 챙긴다. 선생님의 강의 내용은 빠짐없이 노트에 받아 적는다. 받아 적다 보면 강의에도 집중하게 되고 집중력도 향상될 수 있다.

수업시간에 배운 내용은 반드시 복습한다. 한 번 배운 내용은 반복적으로 복습을 해야 단기기억장치에서 장기기억장치로 이동하게 되면서 오래도록 기억에 남는다. 장기기억장치에 저장해둔 내용들을 필요할 때마다 꺼내 사용하면 되는 것이다.

학원에 모든 것을 의지하지 마라. 공부는 스스로 찾아서 자기 공부를 해야 한다. 시험공부를 하면서 교과서와 수업 내용은 쳐다보지도 않고 학원에서 배부해준 기출문제들만 계속 푸는 학생들이 있다. 이런 학생들은 절대로 성적이 오르지 않는다. 시험 공부도 원칙이 있다.

첫 번째 원칙은, 교과서와 수업 내용을 완전 정복하라. 교과서 내용을 이해하는 것이 우선이다.

두 번째 원칙은, 교과서 내용과 수업시간에 필기한 내용을 바탕으로 요점 정리해라. 참고서에 요점 정리된 것을 봐도 되지만 스스로 요점 정리하는 습관을 갖는다.

세 번째 원칙은, 요점 정리한 내용을 암기한다.

네 번째 원칙은, 문제집을 풀어본다. 처음에는 기출문제부터 풀면서 출제 의도를 파악한다.

다섯 번째 원칙은, 시험 전날에는 요점 정리한 것을 다시 한번 외우고 실전 문제를 풀면서 마지막으로 점검한다. 시험 보기 한 달 전부터 시험공부 하는 방법을 알려준다. 이런 방법대로 공부하는 것이 쉽지는 않다. 그래서 공부의 습관이 필요한 것이다.

요즘 청소년들은 학교 공부에 학원 공부에 눈코 뜰 새 없이 바쁘다. 그러다 보니 집에서 자신만의 시간이 없다. 너무 많은 계획들 속에 피곤함보다는 청소년 여러분들이 스스로 학습할 수 있는 시간을 확보해야 한다.

일부 부모들은 스스로 하지 않기 때문에 학원이라도 보내야 마음이 편하다고 한다. 그렇지만 학원 보낸다고 모두가 공부를 잘하는 것이 아니다. 20분 만이라도 집에서 영어 단어, 수학 문제, 독서 등에 몰입할 수 있는 기회를 만들어보자. 20분은 얼마

안 되는 시간이지만 한 달이 모이고 1년이 모이면 무시할 수 없는 시간이다.

암기보다는 이해를 해야 한다. 모든 것을 암기할 수는 없다. 용어 하나하나를 분석해서 이해하는 노력이 필요하다. 배움의 필요성을 스스로 깨우쳐서 이해하려는 노력이 필요하다.

단기간에 성적을 향상시켜주는 공부 방법은 이 세상에 존재하지 않는다. 우리가 모두 잘 알고 있는 단순하고 근본적인 것부터 해야 한다. 문제를 잘 푸는 기술만 익히려는 마음의 자세가 아니라 꾸준한 노력과 습관을 갖춰야 한다. 늦었다고 생각할 때가 가장 빠르다. 주변 친구들이 앞서간다고 초조하게 생각할 필요는 없다. 자신의 공부 방법을 점검해보고 실천해낼 수 있는 것부터 차근차근 습관화시키면 된다.

지금까지 해 왔던 방식을 확 바꿔보자. 시중 서점에는 '공부의 신' 관련 책들이 널려 있다. 고등학교까지 공부를 통해 대학을 진학하고 취업을 한 선배들의 이야기는 지금 공부 방법을 변화시키려는 청소년 여러분들에게 많은 도움이 될 것이다.

인터넷상에서도 공부 방법에 대한 정보들을 얻을 수 있다. 조금만 눈을 반짝이면서 검색해보면 다양한 유형의 사람들이 전하는 다양한 공부 방법을 찾을 수 있다. 찾아서 읽어보고 자신이 오랫동안 지속적으로 할 수 있는 방법을 선택해서 습관화시켜주면 된다.

아무리 좋은 공부 방법이라도 자신의 몸에 배지 않으면 아무

소용이 없다. 자신을 한 단계 업그레이드시키고 싶은가. 그러면 배움에 최선을 다하고 자신의 능력을 깨닫고 한계에 도전하려는 의지와 열정으로 공부하는 뇌로 바꾸어보는 것이다. 뇌 속에서 저장되어 있던 그동안의 공부 방법을 과감히 떨쳐내야 한다.

여러분은 할 수 있다. 자신에게 중요하게 느껴지는 일에 관심을 쏟고, 그 열정으로 믿음과 확신을 가지고, 공부에 대한 자신만의 정답을 만들어가기 바란다.

나만의 궁극적 가치를
발견하라

유발 하라리는 저서《21세기를 위한 21가지 제언》에서 "삶에 의미를 부여하기 위해서는 꼭 모순이 조금도 없는 완전무결한 이야기가 필요한 것은 아니다. 인생의 의미를 부여하기 위해 두 가지 조건만 충족시키면 된다"고 했다.

첫째, 내가 맡은 어떤 역할을 부여해야만 한다. 스타 영화배우와 마찬가지로 인간은 자신에게 중요한 배역을 맡기는 대본만 좋아한다.

둘째, 좋은 이야기는 무한정 확장될 필요는 없지만 지금 나의 지평을 넘어서는 것이어야 한다. 이야기는 나 자신보다 더 큰 무엇의 안에 나를 자리매김함으로써 내게 정체성을 부여하고 내 삶에 의미를 준다.

내 삶에 대해 의미를 부여하고 나에게 주어진 역할은 무엇인지 생각하며 살아오지는 않았던 것 같다. 그때그때 상황에 따라 긍정적으로 행복이라는 목적을 가지고 살아왔다. 40대 중반까지는 초과근무신청도 안 하고 늦게까지 학교에 있었고 일요일에도 가끔 출근하기도 했다.

이 당시에는 학교에서 나에게 주어진 임무 완수가 내가 해야 할 목표였다. 주변에서 워커홀릭(workaholic)이라고 할 정도 일에만 빠져 있었다. 나는 내가 하는 일이 당연하다고 생각했다. 워커홀릭에서 삶의 의미를 찾았던 나에게 새로운 변화를 가져다준 계기가 있었다.

"김 선생님은 성과급 S등급을 벗어나지 않겠어. 다른 교사들이 김 선생님이 하는 일들을 따라갈 수 없다고 하더라고."

그 당시 ○○부장의 말은 이렇게 말했지만 아마도 내가 성과급 S를 받으려고 일요일도 나오고 늦게까지 학교 남아서 일을 한다고 생각한 것 같다. ○○부장과 몰려다니는 교사들 몇 명이 나의 순수한 학교 일에 대한 열정을 성과급이라고 하는 말도 안 되는 것으로 엮으려 했던 것이다.

이 말을 듣고 내가 하는 일에 대해 생각해봤다. 솔직히 나는 내가 하는 일과 성과급을 관련짓지 않았다. 그런데 내가 하고 싶어서 하는 일을 주변 동료들은 성과급을 잘 받으려고 하는 일로 치부해버린 모양이다. 돈 때문에 일한다고 생각한 동료 몇 몇 교사들이 밉기는 했지,만 내 삶의 목표를 다시 찾아볼 수 있는 계기였다.

성과급 때문에 동료 교사의 업무까지도 감시하는 교사들에게 교사의 직무에 관해 묻고 싶었다. 학교 업무보다는 아이들을 위한 수업 활동과 생활지도에 더 집중하고 행정 업무로 인해 늦게까지 일하거나 일요일까지 출근하지 않는다는 나 스스로의 방침을 세웠다.

학교에서는 아이들 지도에, 집에서는 내 삶을 의한 일들을 만들어가기로 했다. 직장과 가정을 분리해서 생각하기로 했던 것이다. ○○부장의 발언이 기분 나빴지만, 그 일을 계기로 나만의 궁극적 가치를 발견하기 시작한다.

궁극적 가치는 우리가 태어나서 자연으로 돌아갈 때까지 성취하고자 하는 최종 목표를 의미한다. 궁극적 가치는 돈, 지위, 권력과 같은 것을 뛰어넘는 행복을 말한다. 우리는 살아가면서 수많은 사안에 관해 결정해야 한다.

삶 자체가 결정 즉, 선택의 연속이라고 할 수 있다. 어떤 결정을 하느냐에 따라 삶의 모습이 달라진다. 알베르트 아인슈타인은 "성공하는 사람이 되기보다는 가치 있는 사람이 되려고 노력하라"는 말을 남겼다. 잘 알고 있는 말이지만, 실천하기는 쉽지 않은 것이 현실이다. 궁극적 가치를 추구하려는 노력이 곧 성공하는 길이라는 의미일 터이다.

나만의 궁극적 가치를 발견하기 위해 어떤 노력이 필요할까? 우리는 살아가면서 어떤 의미를 부여하며 살고 있는가? 어떻게 살아갈 것인가? 항상 고민하며 하루하루 계획 속에 생활해나가야 한다.

살아가면서 가장 중요하게 생각하는 것을 노트나 메모장에 적어보자. 예를 들어 부모님, 경제적 부자, 자유로운 생활, 행복, 성공하는 것, 세계여행, 성적이 1등 하는 것들을 적어서 잠자기 전이나 아침에 등교하기 전 읽어보고 우선순위를 정해본다.

'어떻게 하루하루를 살아야 할 것인가?'라는 생각은 청소년 여러분들이 앞으로 살아가야 하는 모든 일에 영향을 미치게 된다. 자신에게 주어진 대로 사는 사람과 궁극적인 가치를 가지고 생각하면서 살아가는 사람들의 결과는 하늘과 땅 차이다.

스티브 잡스는 주말에는 사소한 일들을 정리하며 다음 주에 할 일들의 우선순위를 정했다고 한다. 빌 게이츠는 더 나은 사람으로 발전하기 위해 매일 한 줄 반성일기를 쓰면서 반성의 시간을 가졌다. 가장 중요하게 생각하는 것들을 정리하고 계획을 세워서 실행에 옮기면서 궁극적인 최종 목적을 도달하기 위해 끊임없이 반성하고 수정해나갔던 것이다.

현실에서의 행복이 아니라 삶을 다 살고 죽기 전 마지막으로 간절히 원하게 될 것이 무엇인가 생각하고 지금 그것을 어떻게 해나갈 것인지 고민해야 한다. 청소년 여러분들이 바라는 3년 후, 5년 후, 10년 후, 20년 후, 30년 후에는 어떤 모습으로 살아가고 있을 것인가? 단기·중기·장기 계획을 세우고 그 목표들을 이루기 위해 매일 삶의 계획들을 적고 스스로 반성하면서 수정해나가는 삶을 생활화해야 한다.

인생은 마라톤이라고 한다. 너무 빨리 달리면 완주하기 힘들고, 너무 느리게 달리면 도태되기 마련이다. 청소년 여러분들이 성취해나갈 수 있는 소소한 계획들을 세우고 성취하는 기쁨을 누려야 한다.

청소년 여러분들이 스스로 인생의 한계선을 미리 그어놓고 '내가 할 수 있을까?' '내가 어떻게 할 수 있겠어' 등의 부정적인 생각을 하고 있다면 그 이상의 목표를 이룰 수 없다. 자신에게 주어진 한계의 선을 뛰어넘을 수 있는 용기와 신념은 뜻밖의 결과와 행복한 삶을 만끽할 것이다.

인생의 마라톤에서 카타르시스를 느끼고 싶은가? 주어진 삶에 의지하지 말고 자신의 궁극적인 가치를 발견해나가는 삶을 살아가자.

인생의 종착역에서 '내가 다른 삶을 살았더라면', '친구의 제안을 받아들였더라면' 즉 '~했더라면'이라는 후회는 최소화하는 삶을 살아가야 하지 않을까. 일상생활 속에서 소소한 행복을 느끼고 성취감을 누리면서 '~했더라면'이라는 말을 최소화시키는 행복을 만들어가자.

04

*21세기 역량,
감성지능을 높여라*

    2016년 12월 한국직업능력개발원에서는 500대 기업 인사 담당자를 대상으로 설문조사를 했다. 인재를 채용할 때 가장 중요시하는 것이 무엇인가를 질문했는데 도덕성 23.5%, 팀워크 13.6%, 문제해결 능력 13.6%, 인내력 13.3%, 의사소통 능력 10.4%, 도전정신 열정 10.3%, 직무에 대한 이해 9.1%, 직무 관련 기초지식 6.2%의 결과가 나타났다.

    국내 기업들의 채용 기준에서 도덕성, 인성, 팀워크, 문제해결 능력이 상위에 나타나고 있는 것을 알 수 있다. 21세기를 살아 가는 청소년들에게는 IQ보다는 감성지능과 인성이 중요함을 알 수 있는 설문이었다.

    감성지능은 자신의 감정뿐만 아니라 다른 사람의 감정을 이 해하는 능력과 삶을 즐겁고 행복하게 하는 방향으로 감정을 통제할 줄 아는 능력이다. 긍정적인 감정이나 부정적인 감정은 누구나 가지고 있는 것이다. 긍정적인 감정은 우리의 삶을 즐겁게 만들지만, 부정적인 감정은 불안한 인간관계를 만들고 행복한 삶을 이루는 데 방해가 된다.

대학교 2학년을 마치고 군대에 입대했다. 부모님과 집을 멀리 오랫동안 떨어져 있기는 처음이었다. 논산 훈련소에 입소하고 첫날 밤 침상에 누워 있는데 잠이 오지 않고 36개월을 어떻게 버텨내야 하는지 고민이 쓰나미처럼 밀려왔다. 관계 형성에서도 활달하지 않았던 나는 군대 생활의 새로운 환경들로 피곤했다.

하루이틀 시간을 보내면서 '이왕 입대해서 군 복무를 마쳐야 한다면 이 상황을 받아들이고 건강하게 제대하는 날까지 버텨보자. 군대 시계는 거꾸로 매달아도 흐른다고 하니까'라는 생각으로 내 마음을 정리했다.

어떠한 극한 상황에서도 매뉴얼대로 내가 할 수 있는 것만 최선을 다했었다. 마인드컨트롤하면서 36개월을 무사히 마치고 집으로 복귀하면서 어떤 세상도 모두 버텨낼 수 있다는 자신감을 가졌던 것 같다. 나는 모든 상황을 긍정적으로 받아들이면 극복해낼 수 있다고 생각한다. 내 감정을 컨트롤하고 주변 사람들의 감정도 미리 알아차려서 이해하려는 마음이 남들보다 높았던 것 같다.

주변 다른 사람들의 감정을 알아차린다는 것은 눈치가 빠른 것과는 다른 개념인 것 같다. 상황에 따라서 요리조리 피해 다니는 것이 아니라 그 상황을 받아들이고 배려와 협력하려는 자세인 것이다.

4차 산업혁명 시대에 요구되는 인재가 갖춰야 할 능력에 감성지능이 있다. 가끔 신임교사 면접을 보러 면접장에 들어간 경우가 있다. 각 과목에 맞는 감성을 갖추고 있는지 찾으려고 많은 질문을 쏟아낸다. 오래전 교육복지 선생님을 채용하는 데 면접관으로 참여했었다. 최종 세 명이 면접을 보러 왔는데 교장·교감 신생님은 경력이 좀 많은 선생님을 채용하고 싶어 하셨고, 나는 이제 갓 대학교 졸업했지만, 표정이 밝았던 선생님을 채용하고 싶었다.

경력직이 학교에서 아이들을 지도하는 데는 도움이 되겠지만 교육복지사로서 표정이 어두우면 아이들과 관계 형성을 제대로 할 수 있을까 고민했었다. 얼굴에 나타나는 표정은 그 사람이 평소에 가지고 있는 가치관과 삶의 여정이 숨겨져 있다. 어린 청소년들에게 어두운 표정보다는 밝은 표정을 갖춘 사람이 아이들 지도에 맞을 것이라고 교장·교감 선생님에게 말씀드렸다.

감성지능이 풍부해야 아이들의 감성도 받아들이고 읽을 수 있을 거라고 생각했다. 결국, 내 선택에 따라 교육복지 선생님이 채용됐고. 아이들과 관계 형성뿐만 아니라 교사들과의 관계에서도 원만하게 지내면서 본교에서 근무하다가 S교육청 소속 무기 계약직으로 임용됐다. 지금도 면접 보러 면접 장소에 들어가면 면접대상자들의 표정부터 살피게 된다. 감성지능이 높은 사람은 얼굴에서도 에너지를 발견할 수 있기 때문이다.

　골만 박사는 《감성지능》이라는 책에서 감성지능을 자기인식 능력과 충동통제력, 지속성, 열정성, 자기동기화, 사회적 기술, 공감 능력과 같은 요인으로 생각했다. 실제 생활 속에서 성공하는 사람들은 말을 잘하고 계산을 잘하는 지적 능력이 뛰어난 사람이기보다는 친밀한 인간관계를 유지할 줄 알고, 자기가 맡은 분야에서 책임 있게 헌신적으로 일하며, 행동상의 절제력이 있고 이타주의적이며, 동정심과 관용심이 있는 사람들이라고 주장하고 있다. 즉, 성공했다고 하는 사람의 대부분은 감성지능이 높은 사람들이라는 의미다.

　자신의 감정을 통제하지 못하고 다른 사람들을 배려하지 못하면 협력할 수 없게 되고 공동체가 무너지게 된다. 어떤 조직이든 사회 속에서 분위기에 맞게 행동할 줄 아는 것이 필요하다. 내 감정을 먼저 통제할 줄 알고 친구들이나 동료들의 감정도 이해할 줄 알아야 그 조직이 오래가고 친구들 사이가 오래 지속될 수 있는 것이다. 상대방이 자신의 감정을 말하지 않는다고 해서 자신의 감정대로 친구의 감정을 생각해서는 안 된다.

　청소년들이 학교생활과 직장인이 되었을 때 주변 상황에 맞는 행동과 상대방의 감정을 이해할 줄 아는 사람으로 성장하기 위해서 감성지능을 이해하고 청소년 자신들이 가지고 있는 잠재 능력을 깨우칠 수 있는 방법을 고민해봐야 한다. 감성지능을 일깨우는 방법은 많은 학자들이 이야기하고 있다.

258

감성지능이 높은 사람은 할 수 없는 일이나 목표에 도달할 수 없는 일은 되도록 빨리 포기하고 다른 대안을 찾으려고 한다. 그러나 대부분의 사람들은 자신의 고집대로 주변의 이야기도 듣지 않고 실행에 옮기려는 경향이 있다.

주변 사람들의 의견을 경청하고 자신의 역량을 스스로 객관적으로 평가해서 끈질기게 매달리는 것보다는 실패를 받아들이고 포기하는 법을 배워나가야 한다. 자신의 감정에 지배당하지 말고 자신의 감정을 빨리 알아차리고 포기할 줄 알아야 한다.

말이라는 것이 입에서 입으로 전달되면서 크게 확대되는 경향이 있다. 사람이 입은 하나이고 귀가 두 개인 이유는 '말은 적게 하고 많이 들어야 한다'는 의미라는 말도 있다. 즉, 경청의 중요성을 이야기하고 있는 것이다.

자신의 눈으로 보지 않은 이야기는 다른 사람에게 전달해서는 안 되는 것이다. 올해 담임을 하다 보니 친구들의 행동을 담임에게 이르는 경우를 많이 보게 된다. 정말 혼나야 할 상황도 있지만, 의도적으로 친구의 행동을 비난하는 경우도 있다. 그럴 때 '필수야. 주변에 관심 갖는 것은 좋지만 네가 할 수 있는 것만 해주면 좋겠구나'라고 이야기해준다. 친구의 단점만 찾아다니지 말고 자신이 해야 할 일만 관심을 갖기를 바라는 마음이다. 말은 될 수 있으면 적게 하고, 친구의 말을 많이 들어주는 태도를 향상시켜가는 것 또한 감성지능을 높일 수 있는 길이다.

"나는 이것을 할 수 없을 것 같아."

"선생님, 제가 마이스터 고등학교에 갈 수 있을까요?"

"선생님이 네 성적과 학교생활을 종합적으로 살펴봤을 때, 충분히 마이스터 고등학교에 합격할 수 있어. 너무 걱정하지 마라."

그 아이는 계속 합격자 발표가 날 때까지 불안해했다. 다행히 성적이 되어서 합격은 했지만 어떤 일을 하든지 간에 부정적인 '난 안 돼'라는 말보다는 '난 뭐든지 할 수 있다'라는 말이 성공의 지름길인 것은 부정할 수 없는 사실이다.

감성지능을 높이기 위해서는 가정에서부터 교육되어야 한다. 대부분의 아이들이 성장하면서 부모의 영향을 가장 많이 받기 때문이다. 감성지능이 낮은 부모 속에서는 부정적이고 열정이 부족한 아이로 성장하게 되는 반면, 감성지능이 높은 부모 속에서는 부정보다는 긍정적이고 뭐든지 할 수 있다고 하는 열정과 신념이 성장하게 된다.

부모들은 아이들이 있는 상황에서는 긍정적인 언어 사용과 긍정적인 행동을 해야 한다. 그래야만 아이들이 성장하고 사회인이 되어 실패나 갈등이 생겼을 때 슬기롭게 문제를 해결할 수 있는 용기가 생기는 것이다. 첫째 아이는 군대 생활 중에 힘들 때마다 《명언의 힘》이 큰 힘과 격려가 되었다고 한다.

자신의 마음속에 담을 수 있는 위인들의 이야기들 속에서 자신의 신념을 강화시키고 부정적인 감정을 긍정적인 감정으로 변화시키려는 활동을 해보자. '안 될 거야'라는 마음을 '난 잘

될 거야'라고 바꿔 말할 때, 앞날에 희망과 긍정의 씨앗들이 날 아들 것이다.

또한, 감성지능을 높일 수 있는 방법은 자신의 마음에 달려 있다. 감성 지능을 높여 마음속에 있는 것을 꺼내서 활용할 수 있는 힘을 길러 나가자.

창조적 마인드를
구축하라

262

창미는 수업시간만 되면 엎드려 있다. 수업시간 내내 이름을 불러도 고개를 들었다가 좀 지난 후에 다시 쳐다보면 또 고개를 숙이고 있다. 공부도 열심히 하고 성실한 아이인 것 같은데 왜 진로시간만 누워 있으려는 것일까?

"창미야, 너 몇 시에 잠자니?"
"어제는 새벽 2시에 잤어요."
"2시까지 뭐했니?"
"학원 갔다 와서 2시까지 게임하다가 잤어요."

결국, 학원 다녀와서 새벽 늦게까지 게임에 빠졌다가 잠이 부족하니 중요하지 않은 과목 시간에 잠을 자는 것 같다. 담임에게도 물어보니 창미는 국어, 영어, 수학 시간만 중요하게 생각하고 일부 다른 수업은 중요하게 생각하지 않다 보니 잠을 자는 것 같다고 한다.

그러면서 창미는 특목고에 진학을 꿈꾸고 있는 학생이라고 한다. 결국, 입시에서 중요시되는 과목만 공부하겠다는 발상이다. 창미뿐만 아니라 많은 학생들이 고등학교 입시와 대학교 입시에 맞는 공부만 하고 있다.

우리나라 대학교 입시 제도가 문제가 많다는 것은 매년 수능고사가 끝나면 신문 칼럼 란에 나오는 단골 메뉴다. 모든 국민이 입시제도의 문제짐을 지적하고 있지만, 그 문제점을 해결할 아직 특별한 대안이 없는 것이 현실이기도 하다.

창미처럼 입시 준비에 맞춰져 공부하는 학생들이 과연 사회에 나가서도 창조적인 생각을 할 수 있을지 의문이 든다. 창조적인 생각들이 어느 한순간에 떠오르는 것이 아니기 때문이다.

발명왕 에디슨은 천재였지만, 항상 천재는 아니었다고 한다. 에디슨의 전기를 쓴 폴 이스라엘은 에디슨이 다른 학생들과 똑같은 평범한 소년이었다고 한다. 어린 시절 에디슨은 실험과 기계 다루기에 열광적으로 빠졌지만, 사실 그 당시 아이들이 일상생활에서 기계를 다루고 기술에 관해 관심 가지고 있는 것과 별반 차이가 없었다고 한다.

다만 에디슨이 다른 친구들과 달랐던 점은 항상 호기심을 가지고 새로운 것에 도전하며 추진력을 가지고 있었다는 점이다. 사회에 진출해서도 대부분의 사람들은 자신에게 주어진 업무에 충실히 수행하면서 직장생활을 하는 반면에, 에디슨은 도시 여러 곳을 두루두루 다니면서 전신기술에 대한 새로운 것을 배웠다고 한다.

에디슨의 창조적인 생각은 어디부터 시작되었을까? 우리 주변에서 일어나는 현상들을 그냥 지나치지 않고 깊이 있게 관찰하고 의문점을 가지고 스스로 탐험도 해보고 위험을 무릅쓴 연구를 가치 있게 생각했기에, 자신의 꿈과 잠재의식 속에서 창조적인 새로운 세상을 만들어낼 수 있었다.

에디슨뿐만 아니라 위인들은 일상적인 생활 모습을 남과 다르게 보고 다르게 생각할 수 있는 발상의 전환이 빠르게 작용한 것이다.

로버트 루트번스타인과 미셸 루트번스타인이 쓴《생각의 탄생》에서는 상상력을 학습할 수 있는 열세 가지 생각의 도구를 소개하고 있다. 관찰, 형상화, 추상화, 패턴인식, 패턴형성, 유추, 몸으로 생각하기, 감정이입, 차원적 사고, 모형 만들기, 놀이, 변형, 통합에 관해 이야기하고 있다.

창조적인 생각의 도구들을 연마하기 위해 필요한 것들은 무엇이 있을까? 학교나 집에서 수동적이 아니라 능동적으로 배워나가야 한다. 우리의 일상생활 속에서 감각적인 자극을 상상력을 동원해서 공감하는 이미지를 융합하는 법을 배워나가야 한다.

위에서 제시하고 있는 생각의 도구들을 모두 생활 속에서 찾을 수는 없다. 아인슈타인, 피카소, 버지니아 울프, 제인구달 등이 다양한 분야 속에서 창조성을 빛낸 발상의 근원들은 일반적인 사람들과는 다르다는 것이다. 21세기를 살아가는 청소년들은 분야를 넘나드는 창조적인 사고를 해야 한다.

나는 얼마 전까지만 해도 생각하지 않고 하루를 보냈었다. 계획서 하나를 만들더라도 오랜 시간 고민해야 했다. 생각하는 방법을 알지 못했기 때문이기도 하고 어떻게 생각해야 하는지 알지 못했기 때문이다.

교육청 회의라도 가면 며칠 전부터 어떤 말을 해야 할까 고민에 휩싸이기도 한다. 어려서부터 머릿속에 있는 생각들을 담금질하고 예쁘게 포장해서 입 밖으로 내보내는 연습을 하지 못했기 때문이다. 친구들 만나는 자리에서나 동료들과 식사자리에서도 말하기보다는 들어주는 편이다.

그러다 새로운 아이디어를 내고 생각들을 표현하려는 부단한 노력이 최근에는 빛을 발해 생각하고 이야기하는 것이 많이 편해졌다. 생각을 유연화시키고 창조적 마인드를 갖추게 하는 데 가장 큰 역할을 한 것은 글쓰기 공부였다.

글쓰기 관련 책을 많이 읽고, 자기계발서들을 읽으면서 내 생각을 있는 그대로 진실되게 표현해보게 되었다. 말할 때도 내 생각을 정리해서 이야기하게 되는 단계까지 이르게 됐다.

이 세상에서 공짜로 이루어지는 것은 없다. 공부 등 미래에 필요한 배움은 뒤로 미루어두고 게임 속이나 친구들과 노는 것에 빠져 있으면서 성공하길 바라지는 않을 것이다. 어려서부터 문제가 발생하면 스스로 선택해야 한다.

어려운 일들이 발생할 때마다 부모님의 도움을 받아 해결하기보다는 스스로 생각해보고 스스로 선택해야 한다. 부모는 자녀가 스스로 선택하고 선택한 것에 대해 책임감을 가질 수 있도록 북돋아주고 기다려줘야 한다.

답답하다며 아이가 선택하기 전에 부모 입장에서 선택해준다면 아이는 성인이 되어서도 본인 스스로 하기보다는 주변 사람들에게 의존하게 된다. 청소년들의 상상력은 무궁무진하다. 이러한 상상력을 가능성이 있는 것으로 만들어낼 수 있는 통찰력을 길러 나가야 한다.

266

테너 가수 루치아노 파바로티는 "나는 피아노 앞에서 실제 노래를 부르는 것보다 머릿속으로 음악연습을 더 많이 한다. 가수라면 음악을 볼 수 있어야 하기 때문이다"라고 했다. 파바로티는 음악이라는 모습을 상상 속에서 그려내면서 음악공부를 했던 것이다.

우리는 가지고 있는 일들을 상상하면서 그것들을 이미지로 형상화해나가는 능력을 키워나가야 한다. 암기하는 방법 중에도 이미지화해서 암기하게 되면 쉽게 잊히지 않고 오래도록 기억할 수 있다. 창조적 생각을 하기 위해서는 끊임없는 훈련이 필요하다.

오감을 활용한 상상력과 근성, 정신력, 의지력, 열정적인 실천력을 새로운 아이디어를 만드는 근원이 된다. 창조적 마인드를 갖는다는 것은 다른 사람들의 이야기기 아니라, 바로 청소년 여러분 자신의 이야기인 것이다.

하루를 허투루 보내지 말고 주변을 둘러보면서 관찰하고 호기심을 갖는 단계부터 도전해보자. 변하지 않는 교육개혁을 평계대기보다는 지금의 조건에서 할 수 있는 행동으로 이 사회를 변화시키는 작은 씨앗을 뿌릴 수 있기를 바란다.

06

나만의 브랜드를 가져라

2016년 9월 벤처대학원에서 '미래 예측 가이드' 과정을 수강하면서 알게 된 지인들과 '미래를 준비하는 사람들' 커뮤니티를 만들고 2018년《유망직업 미래지도》를 여덟 명이 공저로 집필했다. 출판기념회도 하고 페이스북, 카페, 블로그 등 SNS를 활용해 홍보도 하면서 우리가 만들어가는 세상을 여기저기 소개하고 다녔다. 공저이지만 이 책을 통해 나의 가치는 한 단계 더 업그레이드된 것 같다.

출판사 편집장의 4차 산업혁명 관련 도서 추천 글을 써달라는 부탁도 받고 인근 중학교에서는 학부모 대상 '4차 산업혁명 시대 내 자녀 진로 길잡이' 주제로 강의 요청도 들어왔다. 1인 기업가 관련 카페 활동도 활발히 하면서 내 브랜드를 어떻게 높여나갈까 고민이 되기도 했다.

지식 콘텐츠 기반 1인 기업가인 임원화 대표가 운영하는 네이

268

버 카페인 '임마이티 컴퍼니'에서 1일 특강도 참여하고, 1인 기업 관련 컨설팅도 받으며 개인의 브랜딩이 중요하다는 것을 인지했다. 그때부터 내 이름을 각인시킬 수 있는 단어가 무엇이 있을까 하고 고민하다가 '진로컨설턴트 김원배'라는 이름을 쓰기로 했다. 카페뿐만 아니라 카카오톡 프로필에도 진로컨설턴트 김원배로 바꾸었다. 지난달 친구 아들 결혼식장에서 친구가 "학교 그만뒀니? 진로컨설턴트가 뭐야?"라고 묻기도 했다.

내가 할 수 있는 것과 내가 좋아하는 분야의 최고가 되어보자는 마음가짐으로 제2의 인생을 준비하고 있다. 지금 생각해보면 중·고등학교 시절이나 20대 초반에 내 브랜드가치를 생각해봤으면 어땠을까 하는 아쉬움이 있다. 조금만 더 일찍 시작할 걸, 그걸 왜 청소년 시절과 20대에는 생각을 못 했을까 후회가 밀려온다.

급변하는 지금 시대는 개인의 가치를 높이고 개인의 브랜드를 만들어서 홍보하는 시기다. 남들이 가지 않는 길을 가기도하고 기업이나 공무원 면접에서도 자신만의 무언가를 보여주며다른 사람과 차별화해야 한다. 그러기 위해서는 자신이 가지고있는 재능을 최대한 높여서 가치 있는 브랜드로 만들어야 한다.

나만의 브랜드를 만들기 위해서는 청소년 시절부터 시작해야한다. 청소년 시기에는 뭐든지 할 수 있고 실패하더라도 다시일어설 수 있는 힘이 있기 때문이다. 청소년 시기의 다양한 분야에서의 실패 경험들은 성장하면서 자신이 할 수 있는 일을 찾게 되는 것이다.

10년 후, 20년 후 자신이 어떻게 살고 있는지 미래를 상상하면서 체계적이고 세부적인 계획들을 세워나간다. 계획들을 추진해나가면서도 해야 할 일과 해서는 안 될 일을 구분하고, 어떠한 장벽이 나타나더라도 흔들림 없이 앞으로 밀고 나갈 수 있는 추진력이 있어야 한다.

나만의 브랜드를 만든다는 것은 다른 사람이 가 보지 않은 길을 걸어가는 것이다. 인간이 가장 큰 어리석음 중의 하나는 나와 남을 비교해가며 불행을 키우는 것이다.

《백만장자 메신저》의 저자 브렌든 버처드는 "대부분의 사람들은 자신의 인생과 경험을 매우 과소평가한다. 자신의 경험이 평범하고, 인생에 대해 아는 것이 부족하니 아무도 자신의 이야기를 진지하게 들으려 하지 않을 것이라고 생각한다. 이것은 명백히 잘못된 생각이고 부적절한 태도다. 당신은 당신의 보잘것없다고 생각하는 그 경험과 깨달음을 통해 메시지를 전하며 높은 수익을 올리는 메신저가 될 수 있다"라며 누구나 자신의 경험을 가지고 가치를 창출하고 자신만의 브랜드를 만들어갈 수 있다고 한다.

대도서관은 《유튜브의 神》에서 "남들 눈에는 쓸데없이 보이는 취미 하나로 전 세계 사람들을 울리고 웃기는 콘텐츠를 만들 수 있는 사람이 될 것이다. 누구한테나 대박 콘텐츠 하나씩은 있는 법이다. 내가 남보다 손톱만큼이라도 더 잘 알거나 잘하는 분야, 또는 열광하는 분야가 있다면 누구라도 유튜브의 신이 될 수 있다. 유튜브의 성공 비결은 생방송 말고 편집 방송으로 시작하되, 내가 관심 있고 잘할 수 있는 분야를 지속 가능한 콘셉트로 기획해 일주일에 최소 두 편씩 1년간 업로드하는 것이다"라고 이야기하고 있다.

브랜든 버처드나 대도서관은 사람은 태어나면서 부자로 태어나는 것이 아니라 자신이 관심 있고 흥미로운 것에 의미를 부여하고 그 속에서 자신만이 할 수 있는 가치를 찾고 전문화시키면 누구도 따라올 수 없는 자신만의 브랜드를 만들어갈 수 있다고 한다. 자신만의 콘텐츠를 가지고 개인 브랜드화해서 성공할 수 있는 방법은 무궁무진하다.

중·고등학교 시절부터 자신이 상품화할 수 있는 브랜드를 찾는다면 삶은 더더욱 윤택해지고 행복해질 수 있을 것이다. 10년, 30년 후에 자신은 어떤 모습으로 주변 사람들에게 기억되고 싶은가? 먼저 생각해보고 미래에 내 브랜드를 필요로 하는 고객은 어느 계층일까도 생각해보자. 청소년이 대상일지, 주부가 대상일지, 샐러리맨들이 대상일지 미래의 내 고객을 예상해보는 것도 개인 브랜드를 성공적으로 만드는 방법이 될 수 있다.

브랜드가 성공하기 위해서는 나의 강점을 살린 나만의 것이 필요하다. 다른 사람과 차별화하는 전략을 세워야 한다. 그러기 위해서는 끊임없이 변화하는 정보 홍수 속에서 자신의 꿈을 이루기 위한 노력이 필요하다. 때로는 나의 약점을 과감하게 포기하고 강점을 강화하는 전략도 필요하다. 누구나 전문가가 될

수 있다는 생각을 가지고 나만의 브랜드, 나 자신을 만들어나
가야 한다.

나는 요즘 '진로컨설턴트 김원배'라는 브랜드를 더더욱 강화
하기 위해 또다시 공부하고 노력하고 있다. 나는 외국어에 취약
하다. 중·고등학교 때 열심히 영어공부도 한 것 같은데 영어에
는 자신감이 없다. 그래서 영어공부도 집중해볼까 생각은 해봤
지만 진로컨설턴트로 활동하는 데는 지금 영어 실력만 가지고
도 충분할 것 같아서 단점은 완전히 배제했다.

나는 많은 책을 읽으면서 '어떻게 기억하고 적절하게 사용할
까'라는 고민을 했었다. 이것저것 실행에 옮기면서 하나의 전략
을 세웠다. 책을 읽으면서 좋아하는 문구나 내 삶에 필요한 문
장들은 형광펜으로 색칠하고 노트에 단어나 문장을 적고 책 제
목과 페이지를 넣기 시작했다. 그러면 수업자료나 강의자료 만
들 때 어느 책에서 읽었는지 생각이 나지 않을 때 노트만 펴보
면 알 수 있다.

'일은 주인같이 하고 연인처럼 사랑하라(습관부터 바꿔라 p14)'
와 같이 쓰고 책 제목과 페이지는 빨간색으로 써놓으면 찾기 편
하다. 이러한 방법으로 독서하고 기록하면서 내가 잘할 수 있는
것을 더 강점화시키고 있는 것이다. 홍보는 페이스북, 카페, 블
로그, 밴드, 카카오톡 등 다양한 SNS를 활용해서 독서를 통해
얻은 문장을 가지고 짧은 글도 써서 올려보기도 한다.

청소년들이 자신의 브랜드 가치를 알고 자신만의 브랜드를 만

272

들었다면 주변 환경에 흔들리지 말아야 한다. 어떤 가치를 창출하고 싶은가? 어떤 삶을 살고 싶은가? 내 삶은 충분히 행복하고 만족스러운 인생을 살았는가? 평생 열린 마음으로 다른 이들과 공유하며 사랑했는가? 스스로 중요하고 가치 있는 사람이라고 느끼는가?

정보가 홍수처럼 쏟아지고 빠르게 변하는 시대에 적응해나가기 위해서는 철학이 담겨져 있는 자신만의 브랜드를 가지고 있어야 한다. 자신의 브랜드 가치를 높일 수 있는 다양한 질문을 통해 스스로 답을 찾는 노력을 해보길 바란다.

융합의 시대,
멀티형 인재로 거듭나라

첫째 아이는 수학과 과학을 따라가기 힘들어 문과를 선택해서 대학교를 경영학과로 지원했고, 둘째 아이는 역사, 사회보다는 수학과 과학 또는 만들기 등 만들고 조립하는 것에 관심이 많아 이과를 선택해서 토목학과 공대를 지원했다.

지금까지 우리나라는 철저하게 문과와 이과로 구분된 교육이 이루어졌다. 그러다 보니 기계나 컴퓨터에 관심이 있어도 수학과 과학 성적이 나오지 않으면 문과 교육과정을 지원하는 경우도 생기게 됐다. 한쪽 분야의 교육만 시켜왔던 정부와 교육 관계부처에서도 미래사회 변화에 필요한 인재를 키우기 위해서는 이과와 문과를 구분하기보다는 영역을 뛰어넘어야 한다는 사실을 인식해 2018년부터 문과 이과를 통합하는 교육과정을 운영하게 됐다. 대학교도 '융합' 단어가 들어간 학과들이 속속 등장하고 있다.

통합과학, 통합사회가 등장하고 대학교에서도 융합바이오시스템학과 등이 등장하고 있다. 이름만 바꾸어서 운영되기보다는 지금의 청소년들이 미래사회 변화 속에서 적용할 수 있는 교육의 목표, 기준, 교육과정을 편성해 영역을 뛰어넘는 다재다능한 역량을 키우도록 해주는 교육이 이루어져야 한다. IBM은 직원을 선발할 때 다재다능한 T자형 인재인지를 평가한다. T자형 인재는 폭넓은 지식과 깊이 있는 전문성을 갖춘 인재를 의미한다.

매켄시 글로벌연구소(MGI) 2018년 연구보고서 〈AI 기술력 국가와 기업 '흥망성쇠' 결정짓는다〉에서는 AI 기술력 증가는 노동시장에서도 매우 큰 영향력을 끼쳐 전체 일자리에서 단순 노동 등의 저숙련 일자리가 차지하는 비중은 현재 43% 수준에서 2030년까지 32%로 크게 낮아질 것으로 전망하고 있고, 반대로 디지털 역량을 요구하는 일자리는 현재 42%에서 53% 수준으로 늘어날 것이란 예측이다.

AI 기술력을 갖춘 국가나 기업들 또는 개인은 더 성장하고 발전할 수 있겠지만, 그러한 준비를 하지 않는 국가나 기업, 개인은 뒤처질 수밖에 없다는 얘기다. 조너단 삭스는 "기술은 우리에게 힘을 준다. 그러나 그 힘을 어떻게 사용해야 하는지는 알려주지 않으며 알려줄 수도 없다"고 했다. 누구도 청소년 여러분들에게 개인맞춤형으로 알려주지 않는다. AI의 기술력 향상과 빅 데이터, 사물 인터넷, 자율주행 자동차, 드론 등의 발달은 교육현장에서도 새로운 형태의 교육을 요구하고 있다.

기존의 주입식·암기식 교육에서 학생 활동 중심, 사고력에 대한 질문, 토의·토론 학습, 자신의 생각을 이미지화할 수 있는 능력, 코딩교육을 통한 수학적 사고력을 향상시키는 교육 등이 학교에서도 일어나고 있다.

이러한 변화 있는 교실 분위기는 사회 전체에서 공감을 불러일으키고 있는 현상들이다. 다만 아쉬운 점은 대학입시 제도가 변화하지 않고 그대로라는 것이다. 정답을 맞히는 스킬이 필요한 현시대의 대입 제도하에서는 현 상황을 크게 벗어날 수 없다.

융합의 시대는 멀티형 인재를 요구하고 있다. 청소년 여러분들이 미래사회 속에서 멀티형 인재로 성장하기 위해 어떤 공부를 해야 하는가 스스로 생각하고 고민해봐야 한다. 수학 문제 하나 더 맞추고 영어단어 하나 더 외우는 공부가 중요하지 않다.

중학교 1학년 수학 교실을 보면 아이들이 정육면체 모형이나 삼각형 모형도 만들어보면서 수학적 원리를 스스로 배우고 있다. 수학이라는 과목도 원리와 개념을 이해하고 그 사고를 확장시키면서 문제를 해결해나가는 학문이다. 이러한 수업 변화에 스스로 변하고 생각하는 학습을 해야 한다. 즉, 과목마다 인문학적 수학, 인문학적 영어, 인문학적 과학 공부를 해야 한다는 의미다.

'4.0 시대 부모는 무엇을 고민해야 할까?'라는 질문 속에는 우리 어른들이 청소년들에게 제시해줘야 할 것들이 많이 잠재되어 있다. 지금은 융합의 시대다. 이 시대에 멀티형 인재로 성장시키기 위해 부모의 역할은 매우 중요하다.

밥상머리 교육에서부터 올바른 인성을 갖추도록 지도해야 한다. 올바른 인성 속에서 다양한 학문의 지식을 습득하고 그 지식 속에서 자신의 사고 능력을 키울 수 있도록 지도해야 한다.

일주일에 한 번이라도 자녀들과 식사하면서 공부 이외의 이야기를 나누자. 이런 이야기 속에서 자녀들은 부모와 사회를 신뢰하게 되고 자신의 꿈을 찾아갈 힘이 될 것이다.

멀티형 인재로 성장하기 위해서는 공부의 프레임을 바꿔야 한다. 지금 바꾸지 않으면 나이 먹을수록 더 힘들어지는 것이 공부다. 공부가 최고의 목표는 아니지만, 이 세상을 올바르게 살아가기 위해서나 미래사회를 주도적으로 살아가기 위해서는 필요한 것이다.

멀티형·융합형 인재로 성장하기 위해서는 자신만의 궁극적인 가치를 찾아야 한다. 인생은 마라톤이다. 지치지 않고 달려갈 수 있으려면 궁극적인 자신만의 가치관을 가져야 한다. 이러한 가치관 속에서 자신만의 마인드와 브랜드를 갖춰야 한다.

율곡 이이는 "성인이 되겠다는 뜻을 세우고 여기서 조금도 물러서지 않아야 한다"라고 했다. 위대해지고 성공하려고 자신만의 비전을 세웠다면 조금도 물러서지 않고 실천해나가야 한다는 의미다. 미래기술 등장으로 인간의 일자리가 사라지기는 하지만, 그 미래기술들 또한 인간이 만든 것들이다. 새로운 일자리를 창출하고 새로운 기술들을 만드는 것 또한 인간이다. 율곡 이이의 말처럼 뜻을 세웠으면 조금도 물러서지 않아야 한다. 영역을 뛰어넘는 다양한 분야의 지식 습득과 그 분야의 최고 전문가가 되겠다는 의지와 노력이 20년 이후에 멀티형 인재로 성장해 있는 자신의 모습을 발견하게 될 것이다.

멀티형 융합형 인재로 성장하기 위해서는 부모와 국가의 역할이 중요하고, 다양한 분야 속에서 자신만의 궁극적인 가치를 발견해나가야 한다. 가치를 발견하고 브랜드화시키기 위해서 어떤 공부를 해야 하는지 정보를 탐색해서 준비해야 한다.

청소년 여러분들은 현재의 삶에 묶여 있어서는 안 된다. 지금 청소년 여러분들에게 주어진 일에 몰입해서 충실해야 한다. 부모는 그러한 자녀들을 응원하고 지원하는 조력자 역할을 해야 한다. 멀티형·융합형 인재는 가정에서 부모와 가족과의 관계 속에서 만들어진다.

학교는 다양한 수업 방법을 통해 역동적인 수업이 이루어질 수 있는 교실을 만들어가야 한다. 대학교 4년간 배운 것으로 미래 인재를 키워갈 수는 없다. 교사는 교사 나름대로 역량 개발을 위해 부단한 노력을 해야 한다.

인간은 누구나 자신이 알 수 없는 잠재된 능력을 가지고 있다. 우리 청소년 여러분은 융합의 시대, 멀티형 인재로 거듭나기 위해 자신을 믿고 열정과 지속적으로 실행하는 힘을 가지길 바란다. 미래사회 변화의 흐름을 타고 성장해나갈 여러분을 응원하고 또 응원한다.

278

부 록

청소년들이 궁금해하는

질의 & 응답

청소년을 위한

진로멘토링

38

Q¹ 저는 목표가 없어요, 어떻게 해야 하죠?

주변 친구들은 진로목표를 정했는데, 저는 아직 못 정했어요. 제가 하고 싶은 미래직업을 결정하고 싶은데 학교에서 진로심리검사를 해도 무엇이 저에게 맞는지 잘 모르겠어요.

A¹ 학교에서 배우는 것에 관심부터 가져볼까요?

우리는 학교에서 많은 것을 배우고 있어요. 학교에서 배우는 과목 속에서도 자신이 좋아하고 희망하는 분야를 찾아볼 수도 있답니다.

첫째, 배우는 과목 속에서 자신의 장래희망을 찾기 위해서는 매 과목 수업에 집중하고 선생님 말씀을 노트나 교과서에 적으면서 들어야 합니다. 그래야 자신이 어떤 과목에 흥미를 느끼고 있는지 찾을 수 있어요. 가정에서는 예습과 복습이 습관적으로 이루어져야 해요. 복습을 매일매일 하면서 과목마다 몰입해서 학습하는 습관을 갖고 최선의 노력을 해봐요. 그러면 본인이 잘하는 분야를 찾을 수 있답니다.

둘째, 다양한 직업체험과 동아리 활동 등 학교에서 실시하는 교과 외 활동에 적극적으로 참여합니다. 직접 체험을 통해 자신이 관심 있는 분야와 좋아하는 분야를 찾는 계기가 됩니다.

셋째, 다양한 분야의 독서를 합니다. 하루에 10분만이라도 몰입해서 책을 읽어봐요. 위인전, 문학, 역사, 철학 등 다양한 책들을 읽다 보면 책 속에서 롤모델을 만나고 진로방향을 정하는 데 도움을 받을 수 있어요.

넷째, 진로심리검사에 결과에서 제시해주고 있는 직업 중에서 너 개 골라서 직업 정보를 찾습니다. 직업 정보는 하는 일, 관련 학과, 관련 자격증, 미래 전망, 직업을 갖기 위해 노력해야 할 점 등을 인터넷을 검색해서 노트에 정리해나가면서 자신의 진로 로드맵을 설계할 수 있습니다.

Q² 나에게 축구는 천직인 것 같아요

지금 중학교 1학년인 저는 어느 순간 축구가 너무 좋아져서 축구 선수가 되고 싶어요. 1%의 가능성이 있다면 도전하고 싶은데 어떡하죠?

A² 축구 선수에 대해 알아볼까요?

세상에는 노력해서 할 수 있는 것도 있지만 노력해도 안 되는 것도 있어요. 좋아하는 것을 잘하면 좋겠지만, 좋아하는 것으로 끝나는 경우가 대부분이죠. 우선 축구가 재미있게 느껴진 이유를 생각해볼까요?

자신이 축구 선수로서 가능성이 있을지 테스트를 받아볼 수도 있고 학교 체육 선생님의 도움을 받아도 됩니다. 축구 등 스포츠가 좋다면 선수는 아니더라도 스포츠행정가나, 체육학 관련 교수, 체육 교사 등의 다양한 직업들에도 관심을 가질 수 있어요. 축구 선수는 어려서부터 재능이 있어야 성공할 확률이 높다고 봐야 합니다. 요즘은 축구도 공부와 병행해야 하고, 중학교 동안은 축구뿐만 아니라 학력 신장에도 꾸준한 노력이 있어야 합니다.

Q³ 대학 진학 & 취업

저는 경제직 사정으로 고등학교 졸업 후 대학을 진학해야 할지 취업해야 할지 고민됩니다.

A³ ## 마음속에서 하라는 대로 준비해봐요

처음부터 풍족한 상태에서 자신의 꿈을 만들어가는 사람은 없어요. 꿈이 있다면 어떤 역경도 이겨낼 수 있다는 각오가 있어야 합니다. 그 역경을 이겨낸 사람을 우리는 성공한 사람이라고 합니다. 미래 30년 이후 자신의 모습을 상상해보고 자신의 꿈을 이루겠다는 플랜을 짜고 그 계획들을 실행에 옮기면서 꿈을 만들어가야 합니다.

가장 중요한 것은, 가정에서 부모님이나 가족들, 그리고 학교 담임교사와 잘 상의해서 결정해야 해요. 주변 환경도 고려해야 하겠지만 자신의 마음속에서 하라는 대로 준비해나가는 것도 자신의 꿈을 만드는 좋은 방법입니다.

우리는 어려운 상황일수록 학교 공부에 최선을 다해야 합니다. 그래야 어려운 상황들을 이겨낼 수 있는 힘이 생기겠죠. 공신들의 공부방법도 익히면서 자신만의 공부방법을 익히는 습관을 갖도록 합니다.

Q⁴ 고등학교 선택 기준

저는 고등학교 진학을 앞두고 어느 고등학교를 선택해야 할지 고민됩니다. 고등학교 선택 기준을 어떻게 마련해야 할까요?

A⁴ **진로목표에 맞는 고등학교 진학**

고등학교를 선택하기 위해서는 자신의 진로목표와 자신의 성향을 파악해야 합니다. 고등학교 진학해서 자신과 학력 수준이 비슷한 친구들과 공부하는 것이 유리할지, 아니면 자신보다 잘하는 아이들과 경쟁하는 것이 유리할지 고민해야 합니다. 또한, 통학 거리, 그 학교의 환경 등도 살펴서 고등학교를 최종적으로 결정해야 해요.

주변 친구들과 경쟁을 통해 자신이 향상된다고 생각하면 학습 분위기 좋고 우수한 친구들 속에서도 경쟁이 되겠지만 내신 성적을 올리기에는 부담이 될 수 있는 상황이 되기도 합니다. 평소 자기 주도 학습 능력과 공부 성향을 잘 파악하는 것이 우선 고려되어야 합니다.

자신의 꿈을 만들어갈 수 있는 고등학교 선택하는 것이 최상의 선택이죠. 거주하고 있는 지역을 중심으로 유형별 고등학교들을 분석해보고 직접 방문해서 궁금한 사항들을 점검해야 합니다.

대학교 입학이 목표라면, 대학 진학을 위한 플랜이 잘 짜여 있고 대학 진학 지도가 중하위권 학생들까지 잘 관리하는지 등 디테일하게 살펴야 합니다. 취업이 목적이면, 취업 연계되어 있는 프로그램들이 잘 짜여 있는지 살펴야 합니다. 즉, 부모님이랑 같이 학교를 여러 번 방문해서 분위기 파악 등 자세히 살피고 상담도 하면서 자신의 성향에 맞는 고등학교를 선택하길 바랍니다.

Q⁵ 저의 꿈은 가수예요

저의 꿈은 가수인데 부모님이나 주변에서 성공 가능성의 희박하다고 반대해요. 다른 직업에는 관심도 없고 어떻게 해야 할지 고민이에요.

A⁵ 가수가 되기 위해서는

주변 지인이나 부모님이 반대하는 이유는 무엇인지 살펴봐야 합니다. 음악을 좋아한다고 해서 모두 가수가 될 수 있는 것은 아니에요. 수천 명의 청소년이 가수가 되기 위해 오디션을 보지만, 텔레비전에서 볼 수 있는 아이돌 가수는 극히 일부일 뿐이에요. 화면에 보이는 현란한 모습에 현혹돼서는 안 돼요. 예술 분야는 태어날 때부터 끼가 있어야 합니다. 그래야 가수 분야에서 프로가 되는 길은 끼와 부단한 노력이 동반되어야 해요.

가수가 되기 위해서는 학원도 다녀야 하고 부모님의 경제적 지원을 받아야 합니다. 즉, 부모님과 잘 상의해야 하는 문제입니다.

가수라고 공부를 안 해도 되는 것은 아니에요. 우선 지금 자신이 관심을 가져야 할 부분은 "내가 왜 공부를 해야 할까"라는 질문부터 해야 합니다. 중학교 3년 동안 다양한 과목과 다양한 활동들에 참여하면서 느낀 점들을 생각하면서 본인 스스로 중학교 과정을 평가해보는 것도 진로를 찾는 데 도움이 됩니다.

가수의 꿈이 간절하다면 부모님과 상의해서 오디션 정도는 볼 수 있고 지역사회에서 진행되는 노래자랑 프로그램에도 참여해보고 학교 예술제에도 참여하면서 자신의 재능을 주변 사람들로부터 평가받아보는 것도 도움이 됩니다. 주변 사람들이 가수로서의 역량을 인정한다면 부모님도 적극적으로 경제적 지원을 해주시겠죠.

그렇지 않다면 고등학교에 진학해서 다양한 학습과 체험 활동을 통해서 자신의 꿈을 만들어가면 됩니다. 지금 중요한 것은 자신의 학습 습관을 점검하고 실천해나가는 것입니다.

286

공부에 흥미가 없어요

평소에 스포츠에 관심이 많으며 공부는 흥미도 없고 혼자 하는 방법도 몰라서 공부를 안 하고 있습니다. 아직 미래에 대해서 생각도 안 해봤어요.

 공부도 습관이에요

자신의 일과를 빠짐없이 잠자기 전 기록해보세요. 매일 매일 기록해서 일주일을 정리하면 자신이 하루 동안 어떤 일을 하는지 알 수 있습니다. 공부 습관을 만들기 위해서는 우선 수업시간이 매우 중요해요.

지금부터는 맨 앞에 앉아서 수업을 듣고 항상 수업은 교과서, 노트, 필기도구를 챙겨서 수업시간에 선생님이 말씀하시는 내용은 빠짐없이 노트에 필기합니다. 필기하면서 듣게 되면 집중력이 향상됩니다.

수업 시작 전 좀 일찍 자리에 앉아서 배울 내용을 예습도 해봐요. 그러면 수업시간 내용을 쉽게 이해할 수 있습니다. 수업 중 모르는 것은 선생님에게 꾸준하게 질문해 알아가도록 해야 합니다.

학원에 의지하지 말고 자기만의 자기주도학습이 이루어져야 합니다. 학교에서 배운 내용을 쭉 읽어보고, 매일 매일 영어단어 10개, 수학 문제 5문제, 독서 20분씩 시작해보세요. 이렇게 매일 매일 공부하는 뇌로 생활습관을 바꾸게 되면 공부하는 재미와 책 속에서 진로도 찾아갈 수 있습니다. 꾸준함으로 뇌가 공부하는 습관을 인지하게 된다는 사실을 알아야 합니다.

Q⁷ 직업을 간접체험할 수 있는 곳 알고 싶어요

    고등학교 진학 전에 진로를 찾으려고 독서와 간접 체험해보고 싶은데 어떤 책을 읽어야 할지 잘 모르겠고 어떤 방법으로 진로를 탐색할지 잘 모르겠어요.

A⁷ ### 직업체험센터 등 활용

    꿈을 찾기 위해 독서를 하고 싶다면 청소년 성장 소설, 롤모델 관련 도서들, 직업과 관련된 도서들을 찾아서 읽어보면 좋을 것 같네요. 그리고 위인들의 평전도 읽어보고 자신이 평소 존경하는 사람의 책을 읽어도 도움이 진로를 탐색하는 데 도움이 됩니다.

    직업체험을 할 수 있는 장소로는 자신이 사는 지역의 청소년 직업체험센터나 직업전문학교, 직업 전문학원 등에서 체험할 수도 있고 부모님 직업을 체험해봅니다.

    요즘 중학교는 자유학년제 및 자유학기제가 진행되고 있고 진로직업체험도 다양하게 이루어지고 있는데 이러한 활동에서 다양한 분야에 도전해보고 적극적으로 활동해서 참여해야 합니다.

288

어려서부터 꿈은 선생님이었는데 막상 하려니 너무 힘들다고 주변에서 얘기하네요. 어떻게 해야 할까요?

A⁸ 교사의 꿈을 향한 열정

노력하지 않고 얻을 수 있는 직업은 이 세상에 존재하지 않아요. 그 직업에서 최고가 된다는 것, 그 직업인이 된다는 것은 오랜 세월 꾸준히 계획을 세워서 실천해왔다는 얘기예요.

아직 중학교 다니는데 벌써부터 어려울 것 같아서 포기하게 되면 앞으로 더 힘든 일이 닥쳤을 때도 부딪혀보지 않고 포기하는 일이 많아지게 됩니다.

교사라는 직업이 어떤 직업인지 직업 정보를 먼저 찾아보세요. 학교에서도 배우겠지만 자신이 스스로 인터넷이나 도서를 통해서 교사가 어떤 일을 하고 어떤 준비 과정이 필요한지 노트에 정리하고 계획을 세워서 지금부터 준비해나가면 됩니다.

"내가 어떻게 하지?"라는 의문보다는 "한번 해보자"라는 마음가짐으로 도전하려는 열정을 가지고 학력 신장과 교사로서의 인성을 키우기 위한 부단한 노력이 필요합니다.

Q⁹ 진로와 성적에 대해 궁금해요

공부를 열심히 해도 뒤돌아서면 기억이 안 나서 걱정이에요. 특성화고는 부모님이 반대하셔서 일반고로 가려는데, 그게 저의 진로와 맞는 건지 모르겠어요. 제 꿈은 웹툰 작가인데, 일반고에 진학해서 열심히 공부하려고 하지만 다른 친구들보다 이해력이 떨어지는 것 같아 걱정이에요.

A⁹ 공부에 대해 생각해봐요

우선 자신의 평소 공부하는 방법을 점검을 통해 문제점을 찾아야 해요. 공부해도 성적이 오르지 않는 이유는 집중하지 못하고 자신만의 학습 방법을 찾지 못하기 때문일 수도 있어요.

우선 학교에 가면 1교시 시작 전에 그날 배울 것에 대해 살펴보기도 하고 독서를 하기도 해야 합니다. 지금 중요한 것은 공부해도 바로 잊어버리는 것을 어떻게 극복해나가느냐입니다. 이런 경우는 독서를 매일매일 일정 시간 하면서 짧은 시간이지만 몰입해보고 노트에 간략하게 읽은 내용을 요약하는 연습을 꾸준히 해야 합니다.

집중력을 향상시키는 방법은 많아요. 학습과 병행해서 하는 방법 중에 베껴 쓰기가 있답니다. 하루에 한 페이지씩 교과서 내용이나 독서 중에 중요하다고 생각하는 문구를 노트에 매일 베껴 쓰고 자신의 생각을 적는 연습을 해야 합니다.

교과서는 한 번 보고 끝내는 것이 아니라 수십 번 반복해서 읽어야 이해가 쉽게 되겠죠. 그러다 보면 집중력이 향상되고 기억력이 좋아지는 것을 느끼게 됩니다.

공부만 할 수는 없습니다. 주말이나 휴일에는 운동과 산책을 하면서 일주일 동안 공부하느라 힘들었을 뇌에 휴식을 줘야 해요. 학습은 반복입니다. 학교에서 한 시간 배운 내용을 학교에서 두 번, 집에서 한 번, 일주일에 한 번, 총 4회 정도 복습을 해 보는 거예요. 같은 내용을 네 번 정도 보면 단기기억장소에 저장된 정보가 장기기억장치로 옮겨가면서 오래도록 기억에 남게 되는 것입니다.

평소 이렇게 공부하고, 시험 기간에는 문제집이나 요점정리를 가지고 시험 공부를 하면 됩니다. 즉, 스스로 어떻게 어떠한 기준으로 공부를 하느냐가 중요한 것입니다. 처음에는 힘들겠지만, 한 달 이상 꾸준히 하다 보면 집중력이 향상되면서 공부하는 힘이 생기게 됩니다.

꿈이 다양한데 어떻게 해야 할까요?

어렸을 때부터 꿈이 많았는데 중학생이 돼서도 여전히 이루고 싶은 꿈이 많아 고민이에요. 많은 꿈 중에서 어떤 것을 선택해야 할지 고민입니다.

 미래사회는 멀티 잡 시대

미래는 멀티 잡 시대일 것이라고 미래전문가들이 예측하고 있죠. 꼭 해보고 싶은 것 중에 우선순위를 정해보면 선택하는 데 도움이 됩니다.

자신의 전문직 일을 하면서 작가로서 활동하는 사람도 많아지고 있습니다. 즉, 자신만의 전문영역을 글로 써서 책으로 출판하는 경우가 많아지는 추세입니다. 가상현실전문가, 인공지능전문가로서 활동하면서 파티시에를 하거나 소설가로서 글도 쓸 기회가 많아진다는 것입니다.

이렇게 문과적 성향과 이과적 성향을 넘나드는, 즉 융합적인 학문이 미래사회에는 필요해요. 4차 산업혁명 시대가 요구하는 인재가 융·복합적인 사고력과 창의 능력을 갖춘 인재랍니다. 인생 100세 시대는 하나의 직업만이 아니라 서너 개의 직업을 같이 공유할 수 있는 자신의 역량을 향상시키는 노력이 중요하다고 볼 수 있습니다.

292

진로교사들의
추천사

이 책은 다가올 미래사회에 관한 우리의 대처와 교실 밖의 체험을 통해 학생들의 진로 찾기를 도와주는 지름길을 제시한다. 진로독서의 중요성을 제시하며 학생과 교사들에겐 유익한 정보를 제공해준다. 실제 진로 교사의 진로 수업의 모형과 멀티형 인간의 중요성을 제시하며 자신의 진로형성에 큰 도움을 주는 책이다. 저자 또한 꾸준히 노력하는 진로교사로서 우리나라 진로교육에 큰 방향을 잡아주는 모범적인 교사로 앞으로 큰 기대를 한다.

– 언주중학교 진로진학상담부장 **최이권**

진로 컨설턴트 김원배 선생님께 추천서를 써달라는 부탁과 함께 신간《청소년을 위한 진로멘토링 38》원고를 PDF파일로 받았다. 300쪽 가까운 책이 술술 읽혔다. 눈을 떼지 못한 채 단숨에 모두 읽었다. 의무감이 아닌, 공감하면서 읽고 있는 자신을 발견했다. 우리나라 최초의 진로교사가 되어 그동안의 경험을 담담하고 진솔하고 겸손하지만, 강력한 메시지를 담아 전하고 있었다. 청소년을 물론이거니와 대한민국의 모든 학부모님과 교사들의 필독서가 되어야 한다는 확신을 갖게 했다.《청소년을 위한 진로멘토링 38》에는 진로 컨설턴트 김원배 선생님의 삶이 그대로 녹아들어 있다. 이 책을 다 읽었을 때, 자신이 이미 변하고 있다는 것을 알게 될 것이다.

–《청소년을 위한 꿈꾸는 다락방》 저자 **오정택**

이 책에는 진로교사 1기인 저자가 청소년 진로멘토링을 하면서 10년 동안 겪은 희로애락의 경험의 메시지와 자신만의 노하우가 담겨 있다. 청소년 진로교육에 관심이 있는 사람들에게 도움을 줄 수 있는 책이다.

– 상계고등학교 진로진학상담교사 **최은경**

7년 동안 학생들과 진로상담을 하면서 많은 보람을 느끼면서도 빠르게 변하는 세상을 학생들에게 제대로 알려주지 못하는 것 같아서 미안한 마음이었는데, 이 책은 가렵고 부족했던 부분을 충분히 채워준다. 진로 때문에 고민하는 청소년들과 자녀의 미래를 걱정하는 부모님들과 학생들과의 진로 면담에서 부족함을 느끼셨던 선생님들께 많은 도움을 줄 수 있다.

– 보성중학교 진로진학상교사 **최용덕**

294

《청소년을 위한 진로멘토링 38》은 현직 진로교사가 교실 속 생생한 교육 경험을 통해 얻은 소중한 정보를 진로를 고민하는 청소년과 교사, 학부모에게 아낌없이 공유한 책이다. 저자는 변화하는 미래 사회 속에서 살아갈 청소년들에게 꼭 필요한 진로교육의 방향과 방법, 진로를 찾아가는 진로 독서 방법, 나에게 필요한 역량과 가치를 찾아가는 방법에 대해 안내하고 있다. 또한, 미래 사회를 대비할 진로교육에 대한 바람직한 교육 방법을 제시하고 있다. 이 책은 다가올 시대를 맞이하는 진로교육에 고민하고 있는 학생, 교사, 학부모들에게 현실적인 진로교육 방법에 대해 도움을 줄 수 있을 것이다.

– 둔천초등학교 교사 **이지현**

지금까지 많은 책이 진로를 이야기하고 미래를 이야기했지만, 대부분 막연하거나 현실과는 거리가 있었다. 김원배 선생님의 이 책은 풍부한 진로교육 현장 경험과 미래에 대한 통찰을 바탕으로 오늘날 청소년들에게 꼭 필요하면서도 실제적인 미래 진로이야기를 들려주고 있다.

– 경인교육대학교 교수 **김재호**

누구나 자신의 앞날에 대해 고민을 한다. 확실하게 보장된 미래를 가진 사람은 아무도 없다. 그러나 미래가 불안하다고 해서 아무것도 하지 않고 손 놓고 있으면 결국 아무것도 바뀌지 않으리라는 것만은 분명하다. 다년간의 현장 경험을 바탕으로 한 《청소년을 위한 진로멘토링 38》은 자신의 미래를 고민하는 청소년들에게 희망의 빛이 될 것이라 확신한다.

– 용인 남사중학교 진로진학상담부장 **장용기**

우선 깊은 고민과 많은 노력이 함께 한 진로교사로서의 삶이 고스란히 녹아있어 가슴이 뭉클하다. 미래사회를 대비한 진로교육의 큰 그림을 그리고 청소년들이 온 세상을 자신의 꿈의 터전으로 삼아 현실보다 더 넓은 세상과 만날 수 있는 책을 통해 삶의 주체가 되고 진로수업의 도움을 받아 체계적인 진로 찾기를 하면서 진정한 4.0시대에 부모의 응원에 힘입어 융합형 미래인재로 탈바꿈할 수 있도록 차근차근 멘토링하는 진로교사의 손길이 돋보인다.

– 신광여자중학교 진로진학상담부장 **민동홍**

진로교사들의 추천사

앞으로 다가올 미래사회를 준비하기 위해서는 세상을 알아야 하고, 세상을 알아야 자신이 원하는 꿈이 보이기 시작한다. 아직 꿈이 없는 학생들에게 자신의 진로에 대한 꿈을 탐색해볼 수 있는 계기가 되고 미래 사회에 필요한 역량이 무엇인지, 떠오르는 직업에는 반드시 이유가 있음을 잘 소개해놓았다. 다가올 미래에 청소년들이 스스로 자신의 진로를 개척할 수 있도록 제시하고 있으며, 교사는 제자들에게, 학부모는 자녀들에게 진로를 함께 고민하고 탐색해보는 지침서다.

– 경기 연성중학교 교사 **김명숙**

진로교사가 된 지 어언 7년! 새로운 것에 대한 도전을 하면서 미지의 세계를 헤쳐나가는 첫 연수 때와 연수를 마치고 첫 수업에 임했을 때 마음은 막막하기만 했다. 많은 수업 자료가 있음에도 처음이었던 터라 정리되지 않은 느낌으로 하는 수업과 상담은 내가 생각하기에도 다소 어색하다는 생각이 들었다. 그동안 수업과 상담을 진행하면서 앞으로 미래 사회는 어떻게 변할 것이라고 얘기하면서도 나 또한 자신이 없었다. 많은 유튜브 자료와 검색자료를 토대로 진행해왔지만,《청소년을 위한 진로멘토링 38》처럼 구체적으로 다양하게 정보를 제공해주는 루트는 없었던 거 같다. 본문에 들어가기 전에 차례만 봐도 한번 읽어봐야겠다는 생각이 들었다. 진로교육을 담당하는 선생님들, 또는 자녀의 진로에 관심을 가지는 부모님께 이 책을 기꺼이 추천해드리고 싶다.

– 일신여자중학교 진로교사 **이창규**

296

서울진로교사협의회에서 저자와 함께 일할 때, 이렇게 열심히 사는 사람이 있구나 하고 감동도 받고 많이 배우기도 했다. 이제 그의 책을 보니, 열심히 사는 사람이 그의 삶과 일에서 또 뭔가를 보여주는구나 하고 다시금 놀라게 된다. 진로교육에 대해 교사, 학생, 학부모가 함께 읽어도 되는 책 중에 이렇게 실제적인 도움을 주는 책이 있을까? 진로체험교육, 진로상담 및 학교생활 등 모든 문제에 관통하는 어떤 해답을 제시해주는 현장 교사의 책이다.

- 홍익대학교 사대부중 진로진학상담부장 이희평

옛것을 통해 새것을 안다는 온고지신(溫故知新)이라는 말이 있다. 4차 산업 혁명시대가 도래하면서 우리 생활에서는 많은 변화가 생겨났다. 어제까지만 해도 유용하게 잘 쓰던 물건들이 오늘에 와서는 쓸모가 없어지거나 어제까지 유망 받던 직업이 오늘에 와서는 사라지는 직업들이 되었다. 그런 관점에서 본다면 저자는 지금까지 우리 생활에 있던 직업을 시대 순으로 나열해 직업의 변화를 중점적으로 조명할 수 있게 했다. 책의 곳곳에서 저자는 자신의 생활에서 벌어지는 진로의 경험을 이야기하면서 우리 생활에서 흔히 접할 수 있는 다양한 예시를 통해 학생들이 자신의 진로를 탐색하고 찾아가는 좋은 책이 되도록 집필했다. 교사들에게는 자유학기제의 다양한 활동들을 알 수 있는 살아 있는 지도서가 될 것이라 생각한다.

- 성남 장안중학교 수석교사 박규전

2011년 우리나라 국민소득이 3만 불을 향해가고 있을 때 드디어 우리나라 교육에 진로교육이 시작되었다. 진로교육이 중요하다고 말은 했지만, 성취목표나 구체적인 실천 방안을 찾기도 쉽지 않았다. 부모님들, 학교 현장의 진로교사 및 모든 교육계에서는 좌충우돌하며 우리 아이들의 미래의 행복과 나라 발전을 위해 노력해왔다.《청소년을 위한 진로멘토링 38》은 그 현장의 첫 자락에서 시작해 열심을 다해 진로교육에 헌신하고 미래를 준비하기 위해 노력했던 열정의 경로가 고스란히 담겨 있다. 진로교육 자료, 수업, 상담을 통해 이루었던 진로경험들이 우리 아이들과 부모님들, 교사들에게 귀한 자양분과 지평을 열어주기에 부족함이 없다. 빠르게 변해가는 4차 산업혁명 시대의 미래를 준비하기 위해 길러야 하는 역량과 방법들도 구체적으로 제시하고 있다. 늘 미래를 준비하는 현장 속에서의 저자의 혜안과 노하우가 우리 진로교육에 실질적인 도움이 될 것이다. 늘 노력하는 저자에게 존경과 박수를 보내며 이 책이 학부모, 학생, 일반 교사들에게도 좋은 지침이 될 것이라는 확신을 가지고 기쁘게 추천한다.

— 대림중학교 수석교사 **김덕경**

청소년을 위한 진로멘토링 38

제1판 1쇄 발행 | 2019년 6월 17일
    4쇄 발행 | 2021년 1월 27일

지은이 | 김원배
펴낸이 | 손희식
펴낸곳 | 한국경제신문*i*
기획제작 | (주)두드림미디어
책임편집 | 최윤경   디자인 | 디자인 뜰채 apexmino@hanmail.net

주소 | 서울특별시 중구 청파로 463
기획출판팀 | 02-333-3577
E-mail | dodreamedia@naver.com
등록 | 제 2-315(1967. 5. 15)

ISBN 978-89-475-4484-9 03190

청소년을 위한
진로멘토링
38